Esoterik

Herausgegeben von Gerhard Riemann

Mary T. Browne lebt in New York und hilft mittels paranormaler Fähigkeiten seit vielen Jahren Menschen aus aller Welt bei der Bewältigung ihrer Probleme. In den USA wurde sie in zahlreichen Radio- und Fernsehshows vorgestellt sowie von großen Magazinen wie *American Health*, *Cosmopolitan* und *Elle* interviewt.

Dieses Buch wurde auf chlor- und säurefreiem Papier gedruckt.

Deutsche Erstausgabe November 1995
Copyright © 1994 Droemersche Verlagsanstalt
Th. Knaur Nachf., München
Das Werk einschließlich aller seiner Teile ist
urheberrechtlich geschützt. Jede Verwertung außerhalb
der engen Grenzen des Urheberrechtsgesetzes ist ohne
Zustimmung des Verlages unzulässig und strafbar.
Das gilt insbesondere für Vervielfältigungen,
Übersetzungen, Mikroverfilmungen
und die Einspeicherung und Verarbeitung
in elektronischen Systemen.
Titel der Originalausgabe: Reflections on the other side
Originalverlag: Random House, Inc., New York
Copyright © 1994 by Mary T. Browne
Umschlaggestaltung: Peter F. Strauss
Satz: Franzis-Druck, München
Druck und Bindung: Ebner Ulm
Printed in Germany
ISBN 3-426-86091-0

5 4 3 2 1

Mary T. Browne

Jenseits der Schwelle

Erfahrungen einer Hellsichtigen
mit Karma, Tod
und dem Leben danach

Aus dem Amerikanischen von
Rita Höner

Inhalt

Danksagung 11
Einführung 13

I. Übergang

Was geschieht, wenn wir »sterben«? 18
Ein jenseitiges Kindermädchen 31
Wie können wir Menschen beim
Übergang helfen? 35
Lawrence, mein Meister 50

II. Wir ernten, was wir säen

Entwicklungsstufen 58
Weiße Feder 64
Lawrence spricht mit mir über das Karma 72
Kurzzeitgedächtnis 80
Karmische Verbindungen 83

III. Der Himmel

Devachan 91
Sir William 108

IV. Die Hölle

Die Reise zur Hölle 120
Die Frau an der Autobahn 129
Die Angst und das Böse überwinden 132
Der Fluch der Sucht 135
Gleichgewicht 141

V. Selbstmord

Wann ist es akzeptabel, sein Leben
zu beenden? 147
Zu Lebzeiten können wir lernen 153
Selbstzerstörerisches Verhalten 155
Lake Placid 156
Der größere Zusammenhang 168

VI. Die Welt der Gedanken

»Richtiges« Denken 172
Wie manifestieren sich Gedanken im Jenseits? . . 175
Gedankenformen 178
Das Jenseits im Schlaf besuchen 183
Freiheit 188
Erst denken, dann handeln 190
Visionen 193
Wie Sie Ihr Leben ändern können 198

VII. Hilfe beim Trauern

Ohne Bedauern leben und sterben 207
Lawrence hilft einer trauernden Mutter. 213
Veränderung 217
Ein großer Lehrer geht hinüber 219

Danksagung

An meine erste Herausgeberin und liebe Freundin, Julie Merberg, deren Zuversicht und Unterstützung dieses Projekt ermöglichte.
An Virginia Faber, meine Herausgeberin, die genau die richtigen Fragen stellte und ebenfalls von dem Projekt überzeugt war.
An meinen Agenten Jan Miller.
An Marsha Losecar für das unermüdliche Tippen des Manuskripts.
An Joelle Delborgo, Chefherausgeberin, die von Beginn an von dem Buch überzeugt war.
Für die Liebe und Inspiration, die Margreta Overbeck und Ida MacGovern mir zufließen lassen.
An Lawrence, für den Worte nicht ausreichen.

Einführung

Ich wurde mit einer medialen Begabung geboren. Mein erstes mediales Erlebnis hatte ich, als ich sieben Jahre alt war: Ich sah den Geist einer Frau, die eine sogenannte Tote war. Das Erlebnis erschien mir völlig normal und erschreckte mich nicht. Ich erzählte meiner Großmutter Grace, was ich gesehen hatte. Überraschenderweise riet sie mir, nicht über dieses Erlebnis zu sprechen. Sie meinte, die Menschen hätten Angst vor Dingen, die sie nicht sehen könnten. Dann erklärte sie mir, daß ich eine spezielle Begabung hätte und gesegnet sei.
Vor zwölf Jahren begann ich, beruflich als Medium zu arbeiten. Freunden hatte ich schon jahrelang inoffiziell Readings gegeben. Die Mund-zu-Mund-Propaganda führte Menschen zu mir, die Einblick in ihr Leben suchten. Ich hatte eine Laufbahn als Schauspielerin und Sängerin eingeschlagen, aber als die Nachfrage nach meiner medialen Begabung stieg, verließ ich das Theater.
Seitdem sind über fünftausend Menschen zu Einzelsitzungen zu mir gekommen. Börsenmakler von der Wall Street, Schreibkräfte, preisgekrönte Schauspieler, Telefonistinnen, Studenten oder Psychiater – sie alle hatten eines gemeinsam: Sie waren an einer über das Materielle hinausgehenden Sichtweise interessiert. Und eins der häufigsten Gesprächsthemen war der Tod – nicht in einem morbiden Sinn, sondern aus metaphysischer Sicht.
Berichte über das Leben nach dem Tod kennen wir aus verschiedenen Quellen. Manche Menschen hatten Nah-Todeserfahrungen. Auch Trancemedien – Men-

schen, die die Fähigkeit besitzen, Botschaften von Hinübergegangenen weiterzugeben – vermitteln uns Informationen über das Leben nach dem Tod.
Ich persönlich hatte noch keine Nah-Todeserfahrung und betrachte mich auch nicht als Kanal. Meine Einblicke entstammen den heiligen Gaben der Hellsichtigkeit und Hellhörigkeit, die mich befähigt haben, hinübergegangene Seelen zu sehen und Botschaften von ihnen zu empfangen. Seit der frühen Kindheit sehe ich klare Bilder von der anderen Seite (dem Ort, an dem wir uns aufhalten, wenn das physische Leben zu Ende ist). Die Botschaften von der anderen Seite sind mir auf verschiedenen Wegen zugekommen. Oft stelle ich mich auf einen astralen »Bildschirm« ein; dazu benutze ich eine Form medialer Konzentration, mit deren Hilfe ich die Grenze zwischen Erde und Jenseits durchbrechen kann. Wenn ich auf diesen Bildschirm blicke, werden mir präzise Bilder vom Jenseits und seinen Bewohnern gezeigt. Dabei unterstützt mich mein Geistführer, Weiße Feder. Viele Seelen Hinübergegangener haben mich besucht. Ich versuche nicht, irgend jemanden auf die Erde zurückzurufen. Die Seelen im Jenseits *beschließen selbst,* mich zu besuchen. Zahlreiche Menschen haben mir auch von ihrer Nah-Todeserfahrung erzählt. Sie sind mit Mitteilungen ins physische Leben zurückgekehrt, die Freunde und Lehrer im Jenseits ihnen an mich mitgegeben hatten. Durch sie erhielt ich viel Hilfe und Trost.
Ich habe viel mit Sterbenden gearbeitet, aber noch mehr mit Lebenden. Ich verbringe mein Leben nicht damit, mich täglich mit den Seelen von Hinübergegangenen zu unterhalten; ich bin auch nicht in einem Trancezustand und starre stundenlang in die jenseiti-

gen Reiche. Die Fähigkeit, die andere Seite zu sehen, ist ein wichtiger Bestandteil meiner Arbeit. Aber meist konzentriere ich mich auf dieses Leben und die Probleme, die die Menschen hier und jetzt haben.

Wir finden den Schlüssel zu unserem Glück, wenn wir begreifen, daß das Leben ewig ist. Wir sterben nicht, sondern wir gehen woandershin. Wir legen unseren physischen Körper ab, als wäre er ein altes Kleidungsstück. Die Seele geht zur Astralebene, der jenseitigen Welt. Dort bleibt sie, bis die Zeit für weitere Erfahrungen gekommen ist. Dann wird sie auf der Erde wiedergeboren, die so etwas wie eine Schule für die Entwicklung der Seele ist. Sie kehrt auf die Erde zurück, bis sie Meister ihres Schicksals ist. Alles, was wir tun, beeinflußt nicht nur dieses Leben, sondern auch all unsere zukünftigen Leben. Jeder lebt an dem Platz, den er durch seine Taten verdient hat. Dies gilt für die Erde und das Jenseits.

Ich habe mich entschlossen, meine Erfahrungen mit dem Leben nach dem Tod weiterzugeben, damit Sie die Angst vor dem Tod überwinden. Und damit Sie an der Heiligkeit dieses Lebens neue Freude finden.

Den Skeptikern wird es schwerfallen, etwas zu verstehen, was weder materiell greifbar noch logisch ist. Sie werden sich fragen, wieso ich so sicher sein kann, daß es ein Leben nach dem Tod gibt.

Ich kann nur sagen: *Ich weiß, was ich gesehen habe.*

Zweifeln wir an dem Arzt, der diagnostiziert, daß der Patient eine Vergiftung hat?

Er weiß, was er gesehen hat. Aufgrund seiner Erfahrung erkennt er, daß es sich um Gift handeln muß. Mich hat die Erfahrung gelehrt, die andere Seite zu erkennen.

Nur ein dünner Schleier trennt das Diesseits vom Jenseits, aber die meisten Menschen haben nicht den »siebten Sinn«, um hinter den Schleier zu schauen. Ich bin nicht der einzige Mensch auf Erden, der diese Fähigkeit besitzt. Die ganze Geschichte hindurch gab es viele begabte Medien und Seher, und zahlreiche leben auch heute.

Ich kann nur das an Sie weitergeben, was ich von der anderen Welt gesehen und gehört habe. Ich habe diesen Überblick über das Leben nach dem Tod aus Dutzenden von Visionen des astralen Bildschirms zusammengestellt, die ich in den letzten dreißig Jahren hatte; aus Berichten, die mir von meinen Geistführern und Freunden gegeben wurden, und aus Botschaften, die Menschen mit Nah-Todeserfahrung mir übermittelten. Ich hoffe, daß ich Ihnen auf der Basis dessen, was ich gesehen und gelernt habe, ein umfassendes Bild von der anderen Seite geben kann. Wenn Sie sich dieses Bild näher ansehen, wird deutlich, daß dies nicht ein Buch über das Sterben, sondern über das Leben ist – das Leben auf beiden Seiten des *Lebens.*

I. Übergang

Die einzig unumstößliche Tatsache in unserem Leben ist, daß wir sterben werden – oder, wie ich lieber sage, von der physischen Welt in die jenseitige Welt bzw. die Astralebene »übergehen«. Der Übergang vom Reich der Materie zu dem des Geistes ist nicht das Ende; er ist der Wechsel in einen anderen Bewußtseinszustand. Anstatt uns auf die materielle, physische Ebene zu beschränken, dehnen wir uns aus und füllen ein seelisches, geistiges Reich, das keine Grenzen hat. Sobald wir vom physischen Körper befreit sind und die Notwendigkeiten der physischen Welt uns nicht mehr verzehren, können wir uns zu neuen Ebenen des Lernens erheben.
Überlegen Sie: Wie viele Stunden am Tag verbringen wir mit der Sorge um unseren Körper? Wir müssen ihn ernähren, sauberhalten, Geld verdienen, um ihm ein Dach über dem Kopf zu geben, ihn kleiden etc. Schon allein der Schlaf beansprucht ein Drittel unserer Zeit auf Erden. Wenn wir uns nicht richtig um unseren Körper kümmern, setzt sein Niedergang ein. Krankheiten suchen ihn heim, und dann sind viel Zeit und Energie nötig, um den Schaden wiedergutzumachen. Der Körper ist eine göttliche »Maschine«, die so komplex ist, daß wir immer noch nicht genau wissen, was wir tun können, damit sie richtig funktioniert.
Das physische Leben kann durch das Sanskritwort »Maya« beschrieben werden, das »Illusion« bedeutet. Die Hindu-Philosophie lehrt, daß nur das Unzerstörbare und Ewige real ist. Alles, was sich verändert, zerfällt und Anfang und Ende hat, wird als Maya bezeich-

net. Alles irdische Leben geht bekanntlich vorüber, also ist es nicht real. Es ist Maya. Die Dinge sind nicht immer das, was sie zu sein scheinen. Ein chinesisches Sprichwort warnt uns davor, ein Haus anhand seiner Fassade zu beurteilen. Aufgrund dieser äußeren Illusion glauben wir, daß wir ein stabiles Fundament finden werden. Die Erfahrung lehrt, daß dies nicht der Fall ist. Wenn wir die Fassade mit der Realität verwechseln, sind wir einer Täuschung erlegen. Genauso ist auch der Glaube, daß das physische Leben die einzige Form der Existenz darstellt, eine Illusion. Und die Überzeugung, daß wir tot sind, sobald das physische Leben aufhört, ist eine noch größere Illusion.

Was geschieht, wenn wir »sterben«?

Es gibt viele Berichte über Nah-Todeserfahrungen. Ihnen ist gemeinsam, daß die Menschen, die sie hatten, zurückgekommen sind, um uns von ihrem Abenteuer zu erzählen. Sie sind »ohne Paß an der Grenze« angekommen. Die Einwanderungsbehörde schickt sie zurück, damit sie die richtigen Papiere holen.
Während ihres kurzen Besuches können sie die Schwingungen dieses neuen Landes spüren. Sie sehen viele seiner Bewohner, riechen neue Düfte und registrieren die andersartige Kulisse. Sie sind fasziniert und enttäuscht, daß sie diesmal nicht bleiben dürfen. Der physische Tod (der Übergang) ist unser Paß in ein neues Land. Im Jenseits herrscht wahre Demokratie.

Sie kommen in dem Reich an, das Sie sich durch Ihre Handlungen verdient haben. Ob Sie in der physischen Welt Geld und Einfluß hatten, spielt hier keine Rolle mehr. Entscheidend ist Ihr Charakter. Die Weisheit, die Sie während Ihrer irdischen Inkarnation erworben haben, ebnet den Weg zur Glückseligkeit. Es ist egal, ob Sie in der physischen Welt der Vorstandsvorsitzende oder der Kassierer einer Bank waren. Wichtig ist die Qualität Ihres Lebens auf Erden. Deshalb müssen wir uns auf diese Reise durch ein würdevolles und rechtschaffenes Leben vorbereiten, ein Leben, das durch den Dienst am anderen, Liebe und Humor gekennzeichnet ist.

Um es so einfach zu sagen, wie ich kann: Zum Zeitpunkt des Todes legt der Geistkörper seine materielle Hülle ab. Ähnlich wie die Nabelschnur ein ungeborenes Baby mit seiner Mutter verbindet, verbindet eine Silberschnur den physischen mit dem astralen Körper. Wenn die Zeit zum Übergang gekommen ist, reißt die Schnur. Bei einer Nah-Todeserfahrung wird die Schnur nicht durchtrennt. Der Astralkörper löst sich ein Stück weit vom physischen Körper, aber die beiden bleiben verbunden. Die Seele schwebt über dem physischen Körper und beobachtet, was um ihn herum geschieht. Meine Klienten berichten oft, sie hätten diese Erfahrung nach einer Operation oder bei einem schweren Unfall gehabt, sogenannten Situationen auf Leben und Tod. Im allgemeinen hören sie, wie jemand sie für tot erklärt, entweder der Arzt bei der Notaufnahme oder der Polizist am Unfallort. Sie haben das Gefühl zu schweben, sehen sich selbst auf dem Operationstisch oder einer Krankenbahre liegen und beobachten, was um ihren physischen Körper herum

geschieht. Sie sind außerhalb ihres Körpers, aber noch im physischen Bereich, und hören, wie die Menschen versuchen, ihnen zu helfen. Dann kommt es ihnen so vor, als gingen sie durch einen Tunnel. An seinem Ende hüllt wundervolles Licht sie ein. Das Gefühl, das die Seele in dieser heiligen Schwingung empfindet, kann die Sprache unmöglich wiedergeben. Verwandte und Freunde aus dem Jenseits stehen an der Grenze und sprechen sie an. Ihnen wird gesagt, daß ihre Zeit zum Hinübergehen noch nicht gekommen ist. Die Seelen, die ihre irdische Inkarnation nicht abgeschlossen haben, müssen ins physische Leben zurückkehren. Sie haben noch Arbeit vor sich.
Fast jeder, der eine Nah-Todeserfahrung hat, kehrt schnell wieder in seinen Körper zurück. Er hat keine Zeit, die verschiedenen Reiche im Jenseits zu besuchen. Manchen Menschen jedoch wird während ihrer Nah-Todeserfahrung erlaubt, einzelne Bereiche der jenseitigen Welt zu sehen. Wir werden später ein paar dieser Berichte hören. Ausnahmslos alle wollten nicht mehr ins irdische Leben zurück. Ist das nicht interessant?
Wenn der Tod wirklich so schrecklich und beängstigend wäre, würden die Menschen, die einen Blick auf die andere Seite werfen durften, uns sicher nicht alle dasselbe erzählen. »Es war ein wunderschönes Erlebnis.« – »Ich habe mich noch nie so geborgen und friedvoll gefühlt.« – »Es gibt wirklich ein Leben nach dem Tod.«
Menschen, die eine Nah-Todeserfahrung hatten, sind nie mehr so wie vorher. Sie haben ein neues Gefühl der Freiheit, denn sie haben ihre Angst vor dem Tod verloren. Sie begreifen, daß das Leben heilig ist, und

dadurch bekommt es eine noch tiefere Bedeutung. Sie erkennen, daß wir auf Erden sind, um zu lernen, zu wachsen, besser zu werden und anderen zu dienen.
Immer wenn ich solche Erzählungen höre oder lese, fällt mir der folgende Vers aus dem 23. Psalm ein: »Muß ich auch wandern in finsterer Schlucht, ich fürchte kein Unheil.« Könnte es nicht sein, daß »die Schlucht« in Wirklichkeit der Tunnel ist, den die, die fast hinübergegangen sind, durchquert haben?

Wir sind beim Übergang nicht allein

Trotz der Aussicht auf ein glückseliges Leben nach dem Tod haben die meisten Menschen Angst vor der Reise von der Erde zum Jenseits. Der Gedanke, von den Freunden und Verwandten auf der Erde getrennt zu werden oder die Freuden des Lebens nicht mehr genießen zu können, scheint unerträglich. Aber vielleicht tröstet Sie das Wissen, daß niemand allein von der Erde zum Jenseits geht. In dem Augenblick, in dem Ihre Seele beginnt, den Körper zu verlassen, werden Sie jemanden sehen, der im Schatten steht und Ihnen die Hand entgegenstreckt, um Ihnen beim Überschreiten der Grenze zu helfen. Es wird das deutliche Bild von einem geliebten Menschen sein, der vor Ihnen hinübergegangen ist. In den seltenen Fällen, in denen kein nahestehender Mensch vor Ihnen hinübergegangen ist, wird ein Geisthelfer dasein, der darin ausgebildet ist, Menschen beim Übergang beizustehen. Ich habe am Bett vieler Menschen gesessen, die kurz vor dem Übergang waren. Ich weiß immer, daß ihre

Zeit nah ist, wenn sie mir sagen, daß sie Menschen sehen, die vor ihnen hinübergegangen sind. Manchmal führen sie lange Gespräche mit ihrer Mutter, einer Großmutter oder anderen geliebten Menschen.
Menschen, die mit der Welt jenseits der Materie nicht vertraut sind, vermuten leicht, daß der Kranke Drogen genommen hat oder halluziniert. Ich versichere Ihnen, daß dies nicht der Fall ist. Vielmehr beginnt der Geistkörper mit dem Übergang. Der Patient kann wirklich die Geistwesen sehen, die auf ihn warten. Der Sterbende, der halb auf der Erde und halb im Jenseits ist, beginnt, zu beiden Welten zu gehören. Genauso, wie es einige Zeit dauert, bis eine Seele geboren ist, braucht es auch Zeit, bis sie die Erde verlassen hat. Der Tod ist die Geburt in das Reich des Geistes.

Nicky
Ich hatte mir ein Telefon ans Bett gestellt, damit mein lieber Freund Nicky mich jederzeit erreichen konnte. Wir lebten in verschiedenen Städten und sahen uns nicht täglich. Nicky war seit einiger Zeit schwer krank, und wir – seine Freunde und seine Familie – wußten, daß er nicht mehr lange zu leben hatte. Er war aus dem Krankenhaus entlassen worden und wohnte jetzt bei seiner Schwester. Wenn er schwächer wurde, würde er mich anrufen und sagen: »Nana ist hier.« Seine Großmutter, »Nana«, war ein paar Jahre vor ihm hinübergegangen. Sie hatten sich sehr nah gestanden, und er vermißte sie sehr.
Zehn Tage vor seinem Übergang klingelte um drei Uhr nachts bei mir das Telefon.
»Was machst du?« fragte er.
»Auf deinen Anruf warten«, scherzte ich.

»Nana ist hier, aber sie ist nicht nah genug.« Er schien ein bißchen aufgeregt.
»Sagt sie dir etwas, Nicky?«
»Nein, sie ist einfach da. Ich wünschte, sie würde näher kommen. Es ist so schön, sie zu sehen.«
»Sie wird bald näher kommen«, tröstete ich ihn.
»Na gut«, sagte er, »das ist alles. Ade.«
Da ich nun wußte, daß seine Zeit nah war, arrangierte ich einen Besuch im Haus seiner Schwester. Am letzten Tag, an dem ich mit Nicky auf dieser Seite des Lebens zusammen war, unterhielten wir uns sieben Stunden lang. Er war ziemlich schwach, lag auf der Couch und hielt meine Hand. Die Krankheit hatte seinen Körper gezeichnet. Er war dünn und bleich und sah sehr viel älter aus als die vierzig Jahre, die er war; aber er hatte immer noch seinen wundervollen Humor. Mit seiner Begabung für kurze, prägnante Sätze konnte er auch der schrecklichsten Situation einen knochentrockenen Humor abgewinnen. Dieser Tag bildete keine Ausnahme.
»Na, wenn nur die Guten jung sterben, werde ich hier wohl nie wegkommen«, scherzte er.
Ich erklärte ihm, daß die Griechen diese Redensart als Kompliment gedacht hatten. Sie wußten, daß die Seele beim Tod eine höhere Existenzebene erreicht, und ahnten, daß jemand, der jung hinübergeht, seine irdischen Pflichten erfüllt hat. Ihre Philosophie ließ keinen Platz für eine sentimentale Einstellung zum Tod. Ein geliebter Mensch wurde vermißt, aber die Griechen glaubten auch unerschütterlich, daß alle zu gegebener Zeit wieder vereinigt würden.
Nicky wurde ernst und meinte: »Mary, kannst du mir noch einmal sagen, was passiert, wenn ich den Körper verlasse?«

»Denk an die blaue Tiffany-Schachtel«, sagte ich ihm. »Sie enthält ein ganz besonderes Geschenk. Die Schachtel ist schön, aber sobald du das Geschenk herausgenommen hast, wird sie nicht mehr gebraucht. Du wirfst sie weg, aber der Inhalt ist noch da. Dein physischer Körper ist die Schachtel. Dein Geistkörper ist der Inhalt. Wenn deine Zeit gekommen ist, wirst du das Gefühl haben, als würdest du über deinem physischen Körper schweben. Nana wird so nah sein, daß du ihre ausgestreckte Hand sehen kannst. Wenn du sie ergreifst, wirst du dich überhaupt nicht einsam fühlen. Du siehst auf deinen armen, kranken Körper herab und verspürst eine verblüffende Erleichterung, völlige Freiheit. Dein körperlicher Schmerz und die Angst sind sofort weg. Es wird faszinierend sein, wenn du dir deinen physischen Körper anschaust und sicher weißt, daß er nicht dein wahres Ich ist. Die Stimmen der Menschen, die auf der physischen Ebene um dich herum sind, werden schwächer. Du siehst ihre Reaktionen. Einen Augenblick lang willst du ihnen versichern, daß alles in Ordnung ist. Aber du erkennst, daß auch sie zu gegebener Zeit diese Harmonie spüren werden. Wenn die Silberschnur, die den physischen Körper mit dem Geistkörper verbindet, durchgeschnitten wird, bewegst du dich durch einen dunklen (aber nicht unangenehmen) und friedlichen Raum. Am Ende dieses Tunnels ist ein wunderschönes Licht. Du gehst auf das Licht zu. Nana und andere Freunde, die vor dir hinübergegangen sind, stehen an der Grenze, um dich zu begrüßen. Auf der anderen Seite ist ein Reich von unglaublicher Schönheit. Du, Nicky, hast das Glück, bereits vom Leben nach dem Tod zu wissen. Deine Beschäftigung mit dem Metaphysischen hat dich auf diese Reise vorbereitet. Du wirst die Verbindung zur Erde sehr schnell lösen.«

Glaube und Wissen erleichtern den Übergang. Es ist nicht notwendig, aber hilfreich, zu wissen, daß es etwas gibt, was über das Materielle hinausgeht. Jeder, der ein gutes Leben gelebt hat, kann die Verbindungen zur Erde ebenfalls ohne große Schwierigkeiten lösen.

»Deine Freunde im Jenseits werden sich freuen«, fuhr ich fort. »Sie werden nicht in düsteres Schwarz gekleidet sein. Schwarz ist den Menschen auf der Erde vorbehalten, die diese Verwandlung für bedrückend und tragisch halten.

Kurze Zeit wirst du die Schwingungen deiner trauernden irdischen Freunde spüren. Obwohl du an ihrer Trauer Anteil nimmst, wirst du nicht sentimental. Das Wissen, daß Trauer ein normaler und notwendiger Bestandteil des Lebens ist, wird dich daran hindern, dir wegen der Reaktionen dieser Menschen Sorgen zu machen.«

Wir sehen, wie unser Leben vor uns abläuft

»Gleich nach dem Übergang werden alle Ereignisse deines Lebens wie in einem schnell abgespulten Film vor dir ablaufen. Du wirst jede Episode deines Lebens noch einmal sehen, von der Geburt an.«

»Bloß das nicht«, warf Nicky ein, »das ist der Teil, den ich überhaupt nicht mag. Warum muß dieses ganze Zeug noch einmal hochkommen, wo wir doch so hart daran gearbeitet haben, es zu vergessen? Ich glaube, ich würde es nicht ertragen können, auf die Zeit zurückzublicken, in der ich noch nicht gesehen habe, daß das Leben etwas Heiliges ist. Ich habe viele Dinge getan, auf die ich nicht stolz bin.«

Wir müssen uns klarmachen, daß das spirituelle Selbst nicht urteilt. Es beobachtet. Es sieht sich die Tatsachen an. Dies ist keine gerichtliche Ermittlung. Man erkennt an, daß man so und so gehandelt hat. Wenn Sie einsehen, daß der Zweck des Lebens darin besteht zu wachsen, können Sie keine Schuldgefühle haben. Nicky zum Beispiel würde klar den Fortschritt sehen, den er in diesem Leben gemacht hatte, und ich war sicher, daß er darüber sehr glücklich sein würde.

Sicher gab es Situationen in unserem Leben, in denen wir im nachhinein wünschten, anders gehandelt zu haben. Wir haben die ganze Ewigkeit vor uns, um es besser zu machen. Die Reinkarnation lehrt, daß wir nicht nur einmal, sondern mehrmals leben. Wir kehren so lange auf die Erde zurück, bis wir vollkommen sind. Die Seele wird in einem neuen Körper wiedergeboren, um Erfahrungen zu sammeln. Jeder von uns kann immer nur sein Bestes geben. Was dieses Beste ist, entwickelt sich, wenn wir lernen. Das physische Leben gibt uns dazu die Chance. Die Erkenntnis, daß wir für alles, was wir tun, persönlich verantwortlich sind, ist sehr wichtig. Wir sind verantwortlich für alles, was wir denken und tun. Wenn uns dies klar ist, können wir nachdenken, bevor wir agieren oder reagieren. Das Wissen, daß wir die Chance haben, noch einmal zu leben, hilft uns, Schuldgefühle wegen vergangener Fehler loszulassen.

Ich versicherte Nicky: »Sobald du auf der anderen Sei-

te bist, wirst du sehen, daß du in deinem Leben vielen Menschen große Dienste geleistet hast. Es spielt keine Rolle, daß du Fehler gemacht hast. Du darfst nicht zu hart mit dir selbst sein.«
Seit unserer ersten Begegnung vor zehn Jahren hatte Nicky ein erstaunliches spirituelles Wachstum erfahren. Es war, als hätte er in einer Inkarnation zwei Leben gelebt. Als ich ihn kennenlernte, war er völlig richtungslos. Er sah keinen Sinn im Leben. In seiner Jugend hatte er die Flucht vor seiner Sensibilität ergriffen, derentwegen ihn vieles schmerzte. Aber das Weglaufen vor sich selbst brachte seine Seele nicht zur Ruhe. Die Jagd nach materiellen Vergnügungen hatte nichts als Leere in ihm hinterlassen.
Es gibt ein Sprichwort: »Wenn der Schüler bereit ist, kommt der Lehrer.« Ich hatte das Privileg, zunächst Nickys Lehrerin und dann eine Freundin zu sein. Ich machte ihn mit der Philosophie der Reinkarnation und dem Gesetz des Karma bekannt. Er sog diese Lehren in sich ein, begeistert und mit tiefem Verständnis. Die Erkenntnis von der Kontinuität des Lebens (Reinkarnation) und die Erklärung, daß scheinbare Ungerechtigkeiten oft die Folge von Handlungen aus einem vergangenen Leben sind (Karma – Gesetz von Ursache und Wirkung), gaben seinem Leben einen Sinn. Es erschien ihm endlich plausibel. Er fand Frieden durch Wissen, was ihn dazu brachte, anderen zu dienen. Wenn wir diese Lehren wirklich verstehen, wird uns klar, daß wir nur glücklich werden können, wenn wir anderen dienen. Nicky studierte und wurde Therapeut. Es wurde zu seiner Leidenschaft, anderen zu helfen, und es machte ihn zufrieden.
Als ich ihn jetzt anschaute, tröstete es mich, die Wahr-

heit des folgenden Sprichworts zu erkennen: »Es zählt nicht, wie lange man lebt, sondern wie man lebt.«
Als wir uns an diesem Tag umarmten, wußten wir beide, daß wir uns auf dieser Seite des Lebens nicht mehr begegnen würden. Wir wußten auch, daß wir den Kontakt zueinander nicht verlieren würden. Dies war nicht das Ende unserer Freundschaft. Es war eine Veränderung, eine genauso normale Weiterentwicklung, wie wenn der Tag endet und die Nacht beginnt.
»Wir sehen uns wieder, wenn ich dort bin«, scherzte er.
Ich wußte, daß das stimmte. Aufgrund meiner medialen Begabung, der Hellsichtigkeit, würde ich Nicky im Jenseits sehen können. Ich brauchte nicht mit ihm zu kommunizieren. Ich würde ihn nicht auf die Erde herunterziehen. Ich respektiere das Recht eines Menschen, in Frieden zu ruhen. Wenn wir um geliebte Menschen, die hinübergegangen sind, zu sehr trauern, beeinträchtigen wir ihre Fähigkeit, sich eindeutig von der physischen Welt zu trennen. Ich hatte mit Nicky darüber gesprochen. Er versicherte mir, daß er zu mir kommen würde, wenn – und wann – er wollte. Ich kannte meinen Freund und wußte, daß er so damit beschäftigt sein würde, das Leben nach dem Tod zu erkunden, daß er wenig Zeit hätte, an die physische Ebene zu denken. Wenn etwas geschah, das er mir mitteilen wollte, würde ich eine Nachricht von ihm erhalten.
Zehn Tage später hatte Nicky einen leichten Herzinfarkt. Er rief mich donnerstags aus dem Krankenhaus an und sagte: »Ich liebe dich.«
»Ich liebe dich auch«, antwortete ich.
»Nana scheint näher. Ich kann sie ziemlich deutlich sehen.«

»Grüß sie von mir«, sagte ich.
»Ich muß jetzt gehen. Adieu.«
Das waren seine letzten Worte an mich. Als seine Eltern am Freitag morgen das Zimmer betraten, seufzte er und verließ uns.

Wie sieht das Jenseits aus?

Die erste klare Vision vom Jenseits hatte ich, als ich zehn Jahre alt war. Ich saß auf dem Hügel hinter der High-School in meiner Heimatstadt in Iowa und starrte in den Himmel, als vor mir so etwas wie eine riesige Filmleinwand herunterkam. Auf sie war in pulsierenden Farben ganz deutlich das Bild einer Welt projiziert, in der in wallende Gewänder gehüllte Menschen herumschwebten. Alle schienen ruhig und geschäftig zugleich. In der Mitte des Bildes stand, mit vor der Brust gekreuzten Armen, ein großer Indianer. (Später erfuhr ich, daß es mein Geistführer war, Weiße Feder.) Die Menschen bewegten sich auf ein großes leuchtendes Gebäude zu, das wie eine Kirche oder ein Tempel aussah.
Ich hatte in der physischen Welt noch keine Farben gesehen, die denen auf der Leinwand gleichkamen. Weiße Feder sah mich an, nickte, und das Bild verschwand.
Dies war der Beginn meiner hellsichtigen Verbindung zur anderen Seite. Je öfter sie im Lauf der Jahre zustande kam, desto stärker wurde sie.
Das Bild von Seelen, die Gewänder tragen, läßt an Engel denken. Manch einem wird dies wie Phantasie erscheinen. Ich möchte dazu nur sagen, daß im Jen-

seits die Vernunft regiert. Gewänder sind komfortabler als Jeans, und deshalb werden sie von den meisten Hinübergegangenen getragen. Wenn sie eine Botschaft überbringen wollen, tragen sie im allgemeinen Kleidungsstücke, die die von ihnen geliebten Menschen erkennen. Nach ihrem Besuch ziehen sie wieder ihre bequemen Gewänder an.

Es erscheint ihnen jetzt lächerlich, daß sie einmal hohe Absätze und Nylonstrümpfe oder Anzug und Krawatte getragen haben. In den Gewändern kann der Geistkörper frei atmen und sich bewegen.

Im Jenseits sind wir von allen physischen Problemen befreit; niemand braucht eine Brille, um gut zu sehen, oder Krücken zum Laufen. Dem Körper fehlt nichts, er ist vollkommen gesund.

Der physische Körper altert, der spirituelle nicht. Wenn jemand als alter Mensch hinübergegangen ist, wird er Ihnen so erscheinen, wie er in der Blüte seiner Jahre aussah. Im Jenseits sieht jeder so aus, als wäre er ungefähr 35 Jahre alt; dies gilt als das perfekte Alter, bevor gravierende »Verschlechterungen« einsetzen. Da es körperliche Belastungen nicht gibt, stellt sich allmählich wieder ein perfektes emotionales Gleichgewicht her. Es zeigt sich unter anderem an einer neuen Jugendlichkeit.

Babys und Kinder

Eltern, die ein Kind verloren haben, fragen oft: »Erkenne ich mein Kind überhaupt, wenn ich hinübergehe? Wie soll ich wissen, daß es mein Kind ist, wenn es im Jenseits herangewachsen ist?«

Das Kind wird auf die Eltern warten, wenn sie hinübergehen Es wird sich dann selbst den Eltern vorstellen. Sie werden sich sofort wiedererkennen, egal, wie alt das Kind ist. Oft hatten die Eltern im Tiefschlaf Kontakt zu dem Kind. Auch wenn sie sich nicht daran erinnern, solange sie auf der Erde sind, wird im Jenseits die Erinnerung zurückkommen.

Wenn die Seele eines Kindes sich wieder inkarniert, bevor die Eltern hinübergehen, wird ihnen gesagt, wo das Kind ist und warum seine Seele schon wieder auf die Erde zurückkehren mußte. Es gibt im Jenseits ausgebildete Therapeuten, die mit den Eltern reden und ihnen helfen, Trauer- oder Verlustgefühle loszulassen. Im Jenseits verstehen die Eltern, daß sie den Körper ihres Kindes erschaffen, nicht seine Seele. Die Seele ist ewig und muß sich weiterentwickeln. Die Eltern sind ihre zeitweiligen Betreuer.

Ein jenseitiges Kindermädchen

Oft werden mediale Botschaften uns im Traum gegeben. Von Medien ist bekannt, daß sie in einem Traum- oder Trancezustand sprechen. Beim griechischen Orakel in Delphi wurden traumähnliche Zustände durch Dämpfe induziert. Die Indianer benutzten Hypnose, Musik und andere Rituale, um Visionen hervorzurufen. Im Schlaf ist der Körper entspannt; die Sorgen des Alltags belasten ihn nicht. In diesen Zeiten ist es leichter, für das Jenseits offen zu sein. Der Astralkörper schwebt über dem physischen Körper. Die Magnetschnur, die die Körper zusammenhält, sorgt dafür, daß die Verbindung zum physischen Körper nicht abbricht.

Trotzdem sind die meisten Träume psychischen und nicht medialen Ursprungs. Der Unterschied läßt sich nur durch Beobachtung und intensive Beschäftigung feststellen. Schreiben Sie Ihre Träume auf, und sehen Sie, ob Sie Ihnen mediale Botschaften geben. Die Zeit wird zeigen, ob eine Voraussage eintrifft. Mir wurden seit der Kindheit im Traum klare Botschaften gegeben. Nicht alle meine Träume sind medial, aber ich habe gelernt, genau zu erkennen, wann sie es sind. Geduld und Unterscheidungsvermögen haben mir dabei gute Dienste geleistet.

Kathy

Meine Freundin Kathy ging 1988 hinüber. Sie ist mir dreimal im Traum erschienen. Das erstemal kam sie zwei Tage nach ihrem Übergang zu mir. Sie erholte sich noch von ihrem erschöpfenden Kampf gegen den Krebs und blieb nur kurze Zeit – gerade so lange, um mir zu sagen, daß sie in einem Krankenhaus war. Ihre Mutter kümmerte sich um sie. Die Vorstellung, daß es auf der anderen Seite Krankenhäuser gibt, überrascht Sie vielleicht. Es sind Orte, an denen die Hinübergegangenen sich erholen; sie werden dort nicht medizinisch behandelt. Wenn jemand eine sehr strapaziöse Krankheit hatte, muß er sich oft kurze Zeit ausruhen, um den Astralkörper wieder aufzuladen. Es ist sehr energieaufwendig, die irdische Ebene zu verlassen; die Ruhe stellt die Energie wieder her.

Im zweiten Traum, den ich ein Jahr später hatte, berichtete Kathy ganz aufgeregt von ihrer neuen Aufgabe. Sie hatte die Betreuung einer großen Gruppe von Babys übernommen.

»Ich bin ein sogenanntes jenseitiges Kindermädchen«, erzählte sie stolz. Sie strahlte, und ihr Lachen war ansteckend. Auf der physischen Ebene war Kathy Säuglingsschwester und Hebamme gewesen. Sie liebte Kinder über alles. Es gab keinen besseren Kandidaten für diese Tätigkeit. Sie würde jedes der ihr anvertrauten Babys so behandeln, als wäre es ihr eigenes.
Vor ein paar Monaten erschien sie mir zum drittenmal im Traum; sie erzählte mir das Neueste von ihrer Arbeit mit den Kindern. Alles ging gut. Die Babys wuchsen schnell heran und wurden für ihr zukünftiges Leben auf der Erde vorbereitet. Kathy nahm mich zu einem Besuch des Kinderhortes mit. Er war wunderschön. Überall waren von Kinderreimen und Kinderliedern abgeleitete Szenen an die Wände gemalt; es war, als wären sie lebendig.
Ich hörte kein Weinen. Die Kinder sangen und lachten. Es war ein unglaublicher Anblick. Ich bin sicher, daß jeder, dessen Kind sehr jung hinübergegangen ist, überwältigt wäre, wenn er wüßte, wieviel Fürsorge seiner Seele zuteil wird.

Meine Großmutter Grace

Meine Großmutter Grace lebte in der physischen Welt bis zum stolzen Alter von 96 Jahren. Sie ging am 14. Oktober 1990 ins Jenseits über. Ich rief sie am 5. Oktober an, ihrem Geburtstag.
»Alles Gute zum Geburtstag, Omi«, sagte ich.
»Es wird mein letzter sein«, antwortete sie.
»Woher weißt du das?«
»Ich weiß es einfach. Gerade du müßtest das doch verstehen. Ich liebe dich und werde dich im Himmel wiedersehen.«

Neun Tage nach dieser Unterhaltung ging Großmutter im Schlaf hinüber. Im Jahr vor ihrem Übergang war sie ein bißchen durcheinander gewesen. Wenn ich sie anrief, dachte sie, ich wäre meine Mutter oder meine Schwester. Aber als ich das letztemal mit ihr redete, war ihr Verstand ganz klar.

Meine Großmutter Grace hatte sich nie vor dem Tod gefürchtet. Sie sprach ganz normal von ihm. Sie war nicht medial veranlagt und dachte nie metaphysisch. In ihrem Haushalt regierte der gesunde Menschenverstand.

Erst im Januar 1993 sah ich sie im Jenseits. Sie kam zu mir, während ich träumte; sie saß in dem grünen Sessel, der in ihrer Wohnung in Iowa vor einem Panoramafenster gestanden hatte.

»Warum sitzt du einfach nur in diesem alten grünen Sessel, Omi?« fragte ich. »Es gibt im Jenseits viel für dich zu sehen, und du läßt dir diese Gelegenheit entgehen. Willst du dir nicht die Gärten oder die Kunstgalerien ansehen?«

»Alles, was ich sehen will, kann ich von hier aus sehen. Ich habe diesen Sessel immer geliebt. Es gefällt mir, einfach die Leute zu beobachten. Gerade hat mich deine Tante Mayme besucht. Sie ist nicht lange geblieben. Wie immer läuft sie überall herum. Mayme konnte noch nie still sitzen.« (Mayme ist Großmutters Zwillingsschwester.)

Meine Schwester Sheila und ich waren von unserer Großmutter Grace großgezogen worden. Als Kinder hatten wir immer gesehen, wie Großmutter in ihrem Sessel saß und aus dem Fenster schaute. Sie arbeitete schwer, denn sie war Krankenschwester und kümmerte sich um uns. Sie hatte einen wunderschönen Garten und arbeitete stundenlang draußen. Zur Ent-

spannung setzte sie sich in ihren grünen Sessel und beobachtete die Welt von ihrem Fenster aus. Sie sagte uns oft, sie würde so lange in ihrem grünen Sessel sitzen, wie sie wollte, wenn sie gestorben wäre (der Ausdruck, den sie immer benutzte). Für sie würde das der Himmel sein.
Großmutter, die kein Bedürfnis verspürte, das Jenseits zu erforschen, schien vollkommen glücklich. Ihr Gesicht sah aus wie das einer Fünfunddreißigjährigen: kein Fältchen war zu sehen.
»Dein Onkel Dick besucht mich jeden Tag. Er ist ein guter Sohn.«
Mein Onkel war ein paar Jahre vor Großmutter hinübergegangen, und dieser Verlust hatte ihr das Herz gebrochen. Jetzt waren sie zusammen, und ich wußte, daß es Großmutter gutging. Dann zählte sie alle Freunde auf, die auch dort waren, und sagte mir, wie es ihnen ging. Sie plauderte so wie früher, als ich von der Schule nach Hause lief und das Wissen, daß sie in ihrem grünen Sessel am Fenster sitzen würde, mir Geborgenheit vermittelte.
Als ich aus diesem Traum erwachte, war ich sicher, daß sie dort sitzen und auf mich warten würde, wenn für mich die Zeit kam, ins Jenseits überzugehen.

Wie können wir Menschen beim Übergang helfen?

Wissen befreit von Angst. Meine Unterweisung begann in der Leichenhalle, die meiner Großtante gehörte.
Eines Tages hatte sie Verschiedenes zu erledigen; da

sie die Räume nicht unbeaufsichtigt lassen konnte, wurde ich hingeschickt, um eventuelle Telefonanrufe anzunehmen. Ich nahm meine Aufgabe ernst, setzte mich hin und starrte auf das Telefon. Dies wurde jedoch bald langweilig, und so beschloß ich, mich an dem Ort ein wenig umzusehen.
Ich wurde von einem Raum links von der Eingangshalle angezogen. Dort sollte später an diesem Tag eine Totenwache stattfinden. Plötzlich sah ich einen Strauß Rosen und Flieder in der Luft schweben. Ich erinnerte mich, daß ich die Augen öffnete und schloß und erwartete, daß die Erscheinung verschwand. Die Blumen schwebten jedoch weiterhin in der Luft. Dann sah ich den sehr schwachen Schatten einer Frau, die den Strauß hielt. Sie lächelte strahlend und winkte. Dann plazierte sie die Blumen wieder auf einem Gestell neben dem Sarg und verschwand. Als ich in den Raum hineinging, sah ich, daß die Frau mit den Blumen dieselbe Frau war wie die, die im Sarg lag. Ich hatte keine Angst. Ich hatte die Bestätigung erhalten, daß der Tod nichts als Einbildung ist. Ein großes Geschenk! Von diesem Tag an war ich sicher, daß nichts stirbt. Das Ende des physischen Körpers ist ein Übergang, eine Metamorphose. Wenn wir den physischen Körper verlassen, verändern wir uns; wir gehen nicht wirklich zugrunde.
Veränderungen machen oft angst. Eine neue Arbeitsstelle, ein Umzug, eine neue Beziehung lösen Ängste in uns aus. Die Angst vergeht, wenn wir uns auf die Veränderung eingestellt haben.
Prediger, die dröhnend auf Kirchenkanzeln schlagen und die ewige Verdammnis beschwören, sind nicht hilfreich. Aber sie haben uns Angst eingeimpft. Simple

menschliche Irrtümer wurden als Todsünde beschrieben. Der Tod wurde als Jüngstes Gericht bezeichnet und als Sensenmann dargestellt.

Eltern sagen ihren Kindern nicht die Wahrheit über den Tod. Sie meinen, sie würden ihre Kinder schützen, wenn sie über ihn nur flüsternd oder überhaupt nicht reden.

Der Tod sollte kein Geheimnis sein. Er sollte offen, liebevoll und positiv besprochen werden. Genauso, wie wir unseren Kindern Manieren und Unterscheidungsvermögen beibringen müssen, müssen wir sie lehren, den Tod nicht zu fürchten. Das Wissen, daß vor dem Wachstum eine Veränderung stattfinden muß, wird sie in allen Lebensbereichen unterstützen. Wenn der Tod als normaler Vorgang betrachtet wird – als Bestandteil des Lebens –, werden unsere Kinder keine Angst mehr vor ihm haben. Zeigen Sie ihnen die Blumen und die Bäume: Sie blühen im Frühjahr und ruhen im Winter. Dies ist eine einfache, wunderschöne und zutreffende Metapher für unser Leben. Nur unsere eigene Angst hindert uns daran, unseren Kindern den Übergang als etwas Normales darzustellen.

Die Angst ist erlernt. Ich hörte einmal, daß Angst als »Abwesenheit Gottes« beschrieben wurde. Dies fühlte sich für mich richtig an, denn Menschen, die an eine Kraft glauben, die größer ist als ihr persönliches Ich, haben weniger Angst und schätzen die Heiligkeit des Lebens mehr. Sie brauchen nicht an einen persönlichen Gott zu glauben oder sich einer bestimmten Religion anzuschließen, um zu einem Gläubigen zu werden. Es genügt, wenn Sie eine Ahnung von dem Höheren Selbst haben, das in jedem wohnt. Dieses Höhere

Selbst spornt uns an, anderen dienen zu wollen. Es ist der Kämpfer, der den Drachen »Angst« erschlägt.

Loslassen

Eine unserer größten Prüfungen im Leben besteht darin, loslassen zu lernen. Eine Mutter muß ihr Kind gehen lassen, damit es sein eigenes Leben lebt. Wenn sie es zu lange festhält, kommt es als Erwachsener mit dem Leben nicht zurecht. Und für ein Kind – auch für ein erwachsenes Kind von vierzig Jahren – ist es ähnlich schwierig, das Bedürfnis nach Bestätigung durch und Abhängigkeit von den Eltern oder die Vergangenheit loszulassen.

Sowohl die Eltern, die ihr Kind nicht loslassen können, als auch das Kind, das nicht wirklich selbständig werden will, müssen lernen, einander so zu lieben, daß Wachstum möglich ist. Eine Liebe, die nicht klammert, öffnet die Tür zur spirituellen Glückseligkeit und ist der Schlüssel, um das Loslassen zu lernen. Dieses Nichtklammern darf nicht mit Gleichgültigkeit verwechselt werden: Bei der Gleichgültigkeit nehmen wir keinen Anteil aneinander. Nicht klammern bedeutet, daß wir so stark lieben, daß wir uns trennen können. Im Leben geht es ständig ums Loslassen. Oder sollte ich Weiterentwicklung sagen?

Ein guter Lehrer versucht nicht, seine Schüler festzuhalten. Er ist stolz, wenn sie in die nächste Klasse versetzt werden. Ein guter Therapeut freut sich, wenn sein Klient seine Dienste nicht mehr braucht. Im alten China war ein guter Arzt ein solcher, dessen Patienten gesund blieben. Wenn der Patient krank wurde, erhielt der Arzt keine Bezahlung. Seine Aufgabe bestand darin, einem Menschen die Werkzeuge zu geben, mit denen er im Gleichgewicht leben kann.

Gleichgewicht

Im Gleichgewicht leben bedeutet, in Harmonie zu leben. Disharmonie ist die Wurzel allen Übels. Eine ausgewogene – geistige und körperliche – Ernährung unterstützt die Energie und das Wachstum. Wenn wir das Gefühl haben, aus dem Gleichgewicht zu sein, zeigt uns dies, daß wir ein Problem lösen müssen. Ein glückliches Leben ist eins, in dem Körper, Seele und Geist im Gleichgewicht sind. Bei einem exzessiven Verhalten, etwa dem übermäßigen Genuß von Alkohol oder Nahrung, fühlen wir uns unausgeglichen. Das Gesetz des Karma lehrt, daß jeder Aktion eine Reaktion folgt. Mit anderen Worten: Ihre Aktion wird durch eine gleichwertige Reaktion ausgeglichen. Wenn Sie zum Beispiel über das Mißgeschick eines Menschen lachen, werden Sie irgendwann einmal zu Unrecht lächerlich gemacht. Gleichgewicht ist Weisheit. Zum Gleichgewicht gehört, daß wir lernen, wann wir loslassen müssen. Wenn wir erkennen können, wann es an der Zeit ist loszulassen, werden wir nur selten unglücklich sein. Das Leben im Augenblick bringt Freude. Wenn wir jedes Ereignis genießen, sind wir frei von der Sklaverei, in der Vergangenheit zu leben. Wenn wir uns an die Vergangenheit klammern, anstatt vorwärtszugehen, kann dies egoistisch sein.
Der Tod ist die grundlegendste Prüfung für unsere Fähigkeit, loszulassen. Ob es sich um unseren eigenen

Übergang oder den eines geliebten Menschen handelt – der Tod ist der wichtigste Vorwärtsschritt in unserem Leben.

George
George ist 37 und lebt bei seiner Mutter. Obwohl es üblich ist, daß junge Leute nach dem College nach Hause zurückkehren, weil sie sich eine eigene Wohnung nicht leisten können, hat George das Geld dafür. Aber die Angst bindet ihn an seine Mutter. George hat entsetzliche Angst, daß Marian, die allmählich in die Jahre kommt, sterben wird. Er ist von dieser Angst regelrecht besessen und fühlt sich daher erbärmlich.
Marian vereinbarte einen Termin bei mir. Sie machte sich große Sorgen um ihren Sohn und hatte deshalb nicht besonders viel Freude im Leben.
»Es ist meine Schuld«, seufzte sie. »Ich habe George nicht die Wahrheit über den Tod seines Vaters gesagt. Er war erst acht Jahre alt, und ich wollte ihn von allem fernhalten. Es war ein großer Fehler. Wenn ich ehrlich gewesen wäre, wäre George wahrscheinlich wirklich erwachsen geworden. Wie konnte ich so dumm sein?«
Als Georges Vater starb, erzählte Marian ihm, sein Vater sei auf eine lange Geschäftsreise gegangen, anstatt ihm die Wahrheit zu sagen. Sie wollte es ihm erklären, wenn er ein bißchen älter wäre und besser damit zurechtkäme; so überließ sie George der grausamen Erwartung, daß sein Vater zurückkäme. Wenn George nach seinem Vater fragte, wechselte Marian das Thema, und mit der Zeit wurde es immer schwieriger, ihm die Wahrheit zu sagen. Als George schließlich die Wahrheit erfuhr – von einem Schulfreund –, wurde er

hysterisch und weigerte sich hinfort, seine Mutter aus den Augen zu lassen. Marian, die Schuldgefühle hatte, erlaubte ihm, sich zu stark an sie zu binden. Jetzt, fast dreißig Jahre später, war er überhaupt nicht darauf eingestellt, ohne sie mit dem Leben fertig zu werden. Was konnte Marian tun, um ihrem Sohn zu helfen? George hatte eine Therapie angefangen, sie aber abgebrochen; er meinte, er hätte keine Probleme. Seine persönlichen Beziehungen litten. Keine Frau wollte einen Mann heiraten, der seine Mutter nicht loslassen konnte.

Ich schlug Marian vor, hart zu werden. Da George nicht von sich aus ausziehen würde, sollte sie ihn dazu zwingen und ihm versichern, daß er sie so oft besuchen könne, wie er wolle. Sie wollte ihn natürlich nicht »auf die Straße setzen«.

Aber ich wußte, daß George sich eine eigene Wohnung leisten konnte, und es würde im gutgehen, sobald er sich dort eingewöhnt hatte. Für Marian wiederum war es an der Zeit, ihre Schuldgefühle loszulassen. Ja, sie hätte ihm die Wahrheit über seinen Vater sagen sollen, aber sie mußte akzeptieren, daß sie die Vergangenheit nicht ändern konnte. Sie konnte nur aus ihr lernen und die Gegenwart besser machen. Wenn sie George half loszulassen, war das der erste Schritt.

Das Klügste ist nicht immer das Einfachste. Marian hatte erkannt, daß sie Georges Ängste nicht länger unterstützen konnte. Dann traf sie eine schwierige Entscheidung. Sie bat ihn auszuziehen.

Ein paar Monate später klang Marian, als wäre sie eine andere Frau. George war nicht gern ausgezogen. Er hatte gestritten und versucht, ihr Schuldgefühle zu vermitteln, aber sie war fest geblieben.

Anfangs kam er jeden Tag zu ihr. Aber als die Wochen vergingen, begann er, sich ein eigenständiges Leben aufzubauen. Nun konnten drei oder vier Tage vergehen, ohne daß er seine Mutter besuchte. Es war eine schwierige Umstellung gewesen, aber jetzt sind Mutter und Sohn wohlauf.

Verlust

Niemand möchte einen geliebten Menschen verlieren. Ein Abschied ist immer schwierig. Egal, ob wir unseren Partner, einen Traum oder einen anderen lieben Menschen verlieren – der Verlust tut weh.
Oft geht ein geliebter Mensch hinüber, wenn niemand bei ihm ist. Der Hinterbliebene weint und sagt: »Ich kann es nicht glauben. Ich habe das Zimmer nur für ein paar Augenblicke verlassen, und Mutter ist hinübergegangen. Warum war ich nicht bei ihr?«
Tatsache ist: Menschen, die ins Jenseits übergehen, werden manchmal durch den Wunsch von sie liebenden Angehörigen in der physischen Welt festgehalten. Die Kraft, die der Kummer der anderen besitzt, kann es denen, die bereit dazu sind, sehr schwer machen, ins Jenseits zu gehen.
Die machtvollen Gedanken geliebter Menschen können den Sterbenden länger als notwendig im physischen Körper festhalten. Er spürt die Trauer der Menschen, die ihn nicht gehen lassen wollen. Er möchte die, die ihn lieben, nicht dadurch verletzen, daß er geht, und deshalb versucht er auszuharren.
Unser Wunsch, geliebte Menschen zu behalten, gehört

zu den Hauptursachen, wenn der körperliche Zustand eines Kranken sich verschlechtert. Der Sterbende kann leichter hinübergehen, wenn geliebte Menschen den Raum verlassen und ihre Trauer mitnehmen. Wir müssen geliebten Menschen die Erlaubnis geben, uns zu verlassen.

Wir bekommen im Leben viele Gelegenheiten, die Kunst des Loslassens zu üben. Die höchste Selbstlosigkeit besteht darin, geliebte Menschen gehen zu lassen, wenn ihre Zeit gekommen ist.

Es ist nicht einfach, auf Wiedersehen zu sagen, aber es entspricht den Naturgesetzen. Wir müssen erkennen, daß es eine Möglichkeit ist, geliebte Menschen vom Zwang des körperlichen Leidens zu befreien. Es ist ein würdevoller Vorgang, ein Dienst am anderen.

Wir können den geliebten Menschen in den Arm nehmen und ihm sagen, daß wir ihn lieben und vermissen werden – aber daß es uns gutgehen wird. So kann er leichter hinübergehen. Versetzen Sie sich in seine Lage. Lassen Sie nicht zu, daß ein Mensch, den Sie lieben, durch seine Besorgnis um Sie auf der Erde festgehalten wird. Der Übergang wird sehr viel leichter, wenn Sie ihm die Erlaubnis geben zu gehen.

Lois

Eine Klientin von mir, Lois, kam ins Koma. Ihr Mann Tom rief mich an und bat mich, sie im Krankenhaus zu besuchen. Als ich an ihrem Bett saß, konnte ich ihre Gedanken medial hören. Sie sagte, sie sei sehr erschöpft und bereit hinüberzugehen, könne es aber nicht ertragen, ihren trauernden Mann zu verlassen.

Sie bat mich, Tom den Übergang von der physischen Ebene ins Jenseits zu erklären. »Wenn er verstünde, daß es nichts gibt, vor dem man Angst haben muß, würde er sich nicht so quälen. Meine Schwester wartet im Schatten auf mich. Sie versteht, warum ich noch nicht gehen kann.«
Ich streichelte ihre Hand und verließ den Raum, um ihren Mann aufzusuchen.
Ich kannte Lois und Tom schon lange. Ich wußte, daß Tom an ein Leben nach dem Tod glaubte. Er konnte es nur nicht ertragen, seine geliebte, erst dreißigjährige Frau zu verlieren.
Als ich ihm Lois' Botschaft überbrachte, brach er zusammen und schluchzte. »Wie soll ich ohne sie weitermachen? Sie ist mein bester Freund.«
»Es ist nur für kurze Zeit, Tom. Du wirst sie wiedersehen, wenn deine Zeit gekommen ist. Du willst nicht, daß sie länger leidet. Geh zu ihr, sag ihr, daß es dir gutgehen wird. Sie wartet darauf, das von dir zu hören. Sie liebt dich so sehr. Es bricht ihr das Herz, deinen Schmerz zu spüren. Ihre Schwester steht in der Nähe und wartet darauf, ihr beim Übergang zu helfen. Tom, ich weiß, daß du den Gedanken, ohne Lois auf der Erde zu sein, nicht ertragen kannst. Sie liebt dich so sehr, daß sie erst gehen kann, wenn du ihr die Erlaubnis dazu gibst. Das ist vielleicht das Schwierigste, was du je zu tun haben wirst. Aber es wird ihr zeigen, wie sehr du sie liebst.«
Tom verließ mich, um mit seiner geliebten Lois allein zu sein. Er setzte sich neben sie aufs Bett. Er sprach über ihr Leben zu zweit. Es beruhigte ihn, von Zeit zu Zeit über die Erinnerungen zu lachen. Er erzählte ihr, er liebe sie und würde sie vermissen, wolle aber, daß

sie zu ihrem neuen Leben weiterginge – das würde sie beide befreien.
Er verließ den Raum, um sich eine Tasse Kaffee zu holen. Lois ging hinüber, während er weg war. Tom wußte, daß sie gegangen war, bevor er das Zimmer wieder betrat. Später sagte er, er hätte sich noch nie so friedvoll gefühlt wie in dem Augenblick, als er den Raum betrat und Lois ansah. An diesem Moment war er absolut sicher, daß sie wirklich an einem höheren Ort war.

Ihre Angelegenheiten in Ordnung bringen

Zum Übergang gehört auch, daß man seine irdischen Angelegenheiten in Ordnung bringt. Viele Menschen können nicht ins Jenseits gehen, weil sie das Gefühl haben, daß sie auf der Erde noch etwas zu erledigen haben.
Die Mutter meiner Freundin Beth war acht Monate lang völlig gelähmt. Sie konnte sich weder bewegen noch sprechen, nur ab und zu ihre Augen auf- und zumachen. Ich besuchte sie am Krankenbett. Als ich ihre Hand hielt, verwirrten mich ihre Schwingungen. Obwohl sie so ruhig schien, machte sie sich große Sorgen um ihre persönlichen Angelegenheiten. Beths Mutter war eine sehr spirituelle Frau, die keine Angst vor dem Tod hatte. Bei verschiedenen Gelegenheiten hatten wir über unsere gemeinsamen Überzeugungen gesprochen. Ich wußte, was für ein verantwortungsbewußter Mensch sie war, und mir war klar, daß sie erst hinübergehen würde, wenn ihre persönlichen Angelegenheiten geregelt waren.

Aber Beth weigerte sich, über das Testament ihrer Mutter zu reden.
»Ich möchte nicht darüber sprechen. Es ist schaurig«, meinte sie.
»Beth, ich habe bei deiner Mutter am Bett gesessen. Ich spüre, daß sie beunruhigt ist, weil sie möchte, daß ihre Angelegenheiten in Ordnung sind. Ich möchte dich nicht verärgern, aber ich habe keine Wahl, als dir zu sagen, was ich wahrnehme. Wir kennen uns schon lange, und ich kenne deine Mutter sehr gut. Du vertraust meinen medialen Fähigkeiten. Laß mich dir helfen, damit deiner Mutter geholfen wird. Es ist nicht schaurig, über ihr Testament zu sprechen. Es ist notwendig, um deiner Mutter ihren Seelenfrieden zu geben.«
Beth fand den Schlüssel zum Safe und nahm das Testament heraus. Es enthielt genaue Anweisungen über die Verwendung des Vermögens. Bestimmte Dinge mußten sofort geregelt werden. Sobald Beths Mutter wußte, daß alles ihren Wünschen entsprechend arrangiert war, ging sie im Schlaf hinüber.
Sorgen Sie also wenn möglich dafür, daß Ihre persönlichen Angelegenheiten geordnet sind und die Ihnen nahestehenden Menschen die Dinge so ordnen, daß es dem Seelenfrieden dient.
Seien Sie mit Sterbenden freundlich, aber direkt: Helfen Sie ihnen, ihre Angelegenheiten in Ordnung zu bringen. Reden Sie mit ihnen, und fragen Sie sie nach ihrem Willen. Warten Sie nicht, bis jemand so krank ist, daß er nicht mehr rational denken kann. Sobald die materiellen Dinge erledigt sind, können wir uns auf die Angelegenheiten der Seele konzentrieren und ruhiger hinübergehen.

Lucy

Lucys Verlobter starb zwei Wochen vor der geplanten Hochzeit an einem Herzinfarkt. Sie und Henry waren sehr verliebt. Sie hatten zwei Jahre in seiner Eigentumswohnung zusammengelebt. Er hatte sie auf sie überschreiben lassen wollen, aber irgendwie war immer etwas dazwischengekommen. Als sie zu heiraten beschlossen, gab Lucy ihre Mietwohnung auf. Nach der Beerdigung kehrte sie verzweifelt und erschöpft in die Eigentumswohnung zurück. Sie mußte weinen, als sie die Dinge sah, die der Rahmen für ihr Zusammenleben gewesen waren, aber es tröstete sie, in der gemeinsamen Wohnung zu sein.

Zwei Wochen nach der Beerdigung teilte Henrys erwachsener Sohn aus seiner ersten Ehe ihr mit, daß er in die Eigentumswohnung ziehen wollte. Er gab ihr einen Monat Zeit zum Ausziehen. Niedergeschmettert versuchte sie zu erklären, daß sie keine Bleibe mehr hatte. Zu ihrem überwältigenden Schmerz kam nun völlige Verzweiflung. Verwirrt und verängstigt suchte sie mich auf. Sie brach zusammen, als sie ihre Geschichte erzählte. Plötzlich spürte ich eine sehr starke Präsenz im Raum.

»Henry ist hier und möchte mit Ihnen sprechen.«

Er war sehr bestürzt und bat Lucy, ihm zu verzeihen, daß er sie so schutzlos zurückgelassen hatte. Er konnte die irdische Sphäre nicht verlassen, ohne ihr gesagt zu haben, wie leid es ihm tat. Der Egoismus seines Sohnes schockierte und entsetzte ihn.

Lucy hörte zu, sprachlos, aber aufmerksam. Sie sah mich hilfesuchend an und sagte Henry dann, er solle sich keine Sorgen machen. Sie liebte ihn sehr und wollte, daß er weiterging. Sie wußte, er hatte sie nicht

verletzen wollen. Sie bat ihn auch, seinem Sohn zu vergeben. Es war ihr wichtig, daß er begriff, daß sie keinen Groll gegen ihn hegte.
Ich spürte seine Präsenz noch einen Augenblick, dann verließ er uns. Lucy war sichtlich erschüttert und empfand große Ehrfurcht. Es war ein großes Privileg, die Bestätigung zu erhalten, daß Henry gegangen, zugleich aber sehr nah war. Er hatte wegen seiner ungeordneten Vermögensverhältnisse gelitten. Lucy, die sehr traurig, aber nun stärker war, setzte ihren Lebensweg fort.
Durch die Vernachlässigung seiner Angelegenheiten hatte Henry also viel Angst und Besorgnis angezogen. Sein plötzlicher Übergang war ein Schock. Leider kann so etwas jedem von uns passieren; es ist eine Lektion für uns alle. Wir müssen unser Haus immer in Ordnung haben. Wie viele Hinterbliebene wissen nicht, was der Verstorbene mit seinem Vermögen vorhatte? Die Auseinandersetzungen, zu denen dies oft führt, sind unerträglich. Die Negativität kann die verstorbene Seele erreichen; sie spürt diese mächtigen Gedanken. Sie verwirren sie und verhindern, daß sie weiter in Frieden ruht.

Sterbenden zuhören

Hören Sie den Menschen zu, die vor dem Übergang von der Erde ins Jenseits stehen. Lassen Sie sie ihre Gefühle ausdrücken. Menschen müssen reden, und das müssen wir ihnen zugestehen.
Ein langjähriger Freund, der sehr krank war, rief mich an. »Niemand will über meinen Tod reden. Die

Ärzte haben gesagt, daß eine Genesung fast unmöglich ist. Ich sehe das nicht negativ, nur realistisch. Meine Familie ignoriert die Möglichkeit, daß ich vielleicht nicht mehr soviel Zeit habe. Jeder tut so, als ginge es mir gut. Ich habe das überwältigende Bedürfnis zu reden, aber wenn ich die Gesichter meiner Familie sehe, wenn ich versuche, mich zu äußern, bin ich still. Manchmal möchte ich einfach nur schreien: ›Helft mir, ich bin der, der stirbt!‹« Er begann zu weinen.
»Ich bin da. Du kannst mir alles erzählen, was du willst«, sagte ich. Er sprach eine Stunde lang. Zorn wechselte mit Gelächter. Es half ihm sehr, seine Sorgen und Ängste in bezug auf das Sterben mitzuteilen. Ich sagte sehr wenig. Ich war einfach am anderen Ende der Leitung und hörte zu, und das war alles, was er von mir wollte. Wenn jemand Kummer hat, gibt es ihm Kraft, wenn jemand ihm zuhört. Es ist schwer, der Tatsache ins Auge zu sehen, daß ein geliebter Mensch uns verlassen muß. Die meisten von uns wollen nichts davon hören. Wir haben Angst – vor dem Verlust, unserer eigenen Sterblichkeit, etwas Falsches zu sagen, die Trauer nicht ertragen zu können.
Wir müssen uns und unsere persönlichen Gefühle und Ängste vergessen und einfach zuhören.
Wir zeigen viel Liebe, wenn wir nur zuhören. Und während wir den geliebten Menschen trösten, lernen wir auch.

Ruthie

Ruthies Bruder saß an ihrem Bett und hörte ihr zu. Sie wies immer wieder auf einen Sessel in der Ecke und fragte, ob er den Mann sehen könne, der dort saß. Robert sah ihn nicht und bat sie, ihn zu beschreiben. Obwohl Ruthie von ihrer Krankheit erschöpft war, wurde sie munter, als sie den Besucher beschrieb. Drei Tage schwankte sie zwischen Bewußtsein und Bewußtlosigkeit und sprach immer wieder über den Mann im Sessel. Robert hörte geduldig zu und stellte Fragen über den Mann. Am dritten Tag glitt Ruthie ins Koma. Robert sagte ihr, daß er sie liebte, und gab ihr die Erlaubnis zu gehen. Er sagte ihr, sie solle keine Angst vor der Reise haben und alles sei in Ordnung. Dann erhob er sich von ihrem Krankenbett. Er wollte sie durch seine Anwesenheit nicht im physischen Bereich festhalten.

Er küßte ihre Wange und trat etwas von dem Bett zurück, um sie anzusehen. Zu seiner Überraschung öffnete sie die Augen und sagte: »Vergiß uns nicht.«
»Uns?« fragte Robert.
»Na, dich und mich.«
Dann sank sie wieder ins Koma.

Acht Stunden später ging sie hinüber, um den Mann im Sessel zu treffen; er war, wie Robert klar wurde, ihr Vater gewesen. Robert war eine große Stütze gewesen. Er hatte ihr zugehört, ihr die Erlaubnis gegeben zu gehen und ihr dadurch gute Dienste geleistet.

Lawrence, mein Meister

Im April 1993 sah ich meinen lieben Lehrer Lawrence wieder. Ich machte in Edgartown auf der Insel Marthas Vineyard Ferien, die vor der Küste von Massachusetts liegt. Es war noch nicht die Touristensaison, und so waren nur ein paar Leute auf der

Straße. Ich sah mir eine wunderschöne Lampe im Fenster eines Antiquitätengeschäftes an, als er plötzlich neben mir stand. Ich war überglücklich, ihn zu sehen.
»Sie ist sehr schön, mein Kind. Zur Viktorianischen Zeit wurden sicher die schönsten Lampen hergestellt.«
Völlig überrascht sagte ich: »Lawrence, Gott sei Dank! Ich muß unbedingt mit dir reden.«
»Das wußte ich. Ich dachte, das hier wäre ein netter ruhiger Ort zum Plaudern. Setzen wir uns ein bißchen in den Park auf der anderen Straßenseite. Es ist schön da, und wir werden nicht gestört werden.«
Auf dem Weg dorthin erinnerte ich mich wieder an den warmen Maitag vor sieben Jahren; ich hatte in New York im Central Park gesessen und den Kindern beim Spielen zugeschaut, als er sich mir zum erstenmal vorstellte.
Damals schrieb ich gerade mein erstes Buch. Meine liebe Freundin Kathy war sehr schwer an Krebs erkrankt. Morgens besuchte ich sie im Krankenhaus, nachmittags empfing ich meine Klienten, am Wochenende schrieb ich, und so hatte ich wenig Freizeit.
An diesem speziellen Frühlingsmorgen wachte ich mit dem Gefühl auf, unbedingt in den Park gehen zu müssen. Später wurde mir klar, daß es vorherbestimmt war, daß Lawrence und ich uns dort begegnen würden. Mit meiner medialen Fähigkeit erkannte ich ihn sofort als meinen spirituellen Lehrer. Ich hatte ihn in einem Traum gesehen, als ich ein kleines Mädchen war. Nach unserer ersten Begegnung im Park hatten wir noch viele Unterhaltungen. Ich begegnete ihm oft zufällig in den Straßen von Greenwich Village, oder er saß an einem Tisch in dem Restaurant, in das ich zum Mittagessen ging. Er teilte mir seine Ansicht zu vielen Dingen mit

und unterstützte mich während der schwierigsten Phasen bei der Abfassung meines ersten Buches und beim Übergang meiner Freundin. Nicht Kathys Übergang hatte mich so durcheinandergebracht, sondern die persönliche Leere, die ich empfand, weil ich sie vermißte. Im Verlauf unserer Beziehung haben Lawrence und ich viele Probleme erörtert und zusammen Lösungen gefunden. Er stellte mich seinem Lehrer vor, Sir William, von dem ich ebenfalls sehr viel lernte.

Lawrence und ich hatten uns seit drei Jahren nicht gesehen. Ich hatte seit unserer letzten Begegnung zum Teil schwierige Zeiten erlebt und oft an ihn gedacht; ich wußte, daß er meine Gedanken spüren konnte. Es gab Zeiten, in denen ich das Gefühl hatte, ohne physischen Kontakt zu ihm nicht weitermachen zu können. In solchen Augenblicken umhüllte mich eine tröstende Präsenz. Ich spürte seine Unterstützung, obwohl er körperlich nicht anwesend war. Ich wußte, daß es nicht an mir war, ihn um sein Kommen zu bitten, und tat einfach, was in meinen Kräften stand. Der Glaube lehrte mich, daß er auftauchen würde, wenn er es für notwendig hielt, und daß er gute Gründe für sein Verhalten hatte. Es war für mich eine spirituelle Prüfung, mit den Situationen fertig zu werden, die mir präsentiert wurden.

Jetzt waren wir wieder zusammen, als ich dieses Buch schrieb. Es war, als wäre dazwischen überhaupt keine Zeit vergangen.

Wir setzten uns auf eine Bank im Park und blieben ein paar Minuten lang still, bevor er sprach. »Viel zu wenige Menschen sind in der Lage, die Stille zu genießen. Wenn wir lernen, still zu sein, sind Friede und Harmonie da.«

Dann sprach er von allem, was ich seit unserer letzten Begegnung getan hatte. Er wußte alles, denn er konnte sich in meine Gedanken einschwingen. Er sagte mir, es tue ihm sehr leid, daß ich die harten Zeiten allein bewältigen mußte. Er war in der Abgeschiedenheit gewesen, um seinen Körper aufzuladen. Die Schwingung der Erde hatte seine sensible Natur stark strapaziert. Alle Lehrer mußten von Zeit zu Zeit Ruhepausen einlegen, um sich von der Turbulenz des Lebens zu erholen. Außerdem, fügte er hinzu, wäre es meinem persönlichen Wachstum nicht dienlich gewesen, wenn er bei mir gewesen wäre, als ich selbständig lernen mußte.

»In den neunziger Jahren wird die Erde in spiritueller Hinsicht unglaublich wachsen. Die Menschheit ist gezwungen, der Tatsache ins Auge zu sehen, daß der Materialismus der achtziger Jahre ein beständiges Glück nicht gefördert hat. Ich sehe eine Bewußtseinsveränderung, denn die Menschen beginnen, mehr auf der spirituellen Seite des Lebens nach Glück zu suchen.«

Ja, das stimmt. Die Wirtschaft ist rezessiv, die Menschen verlieren ihren Arbeitsplatz, die Immobilienpreise sind gefallen, die Kosten im Gesundheitswesen in unermeßliche Höhen gestiegen. Jeder hat Angst.

Bei meiner Arbeit als Medium begegne ich Menschen aus allen sozialen Schichten. Früher sorgte sich jeder um seine materielle Zukunft, egal, wo er gesellschaftlich stand. Aber ich habe eine Veränderung konstatiert: Die Menschen stellen mehr Fragen über spirituelle Themen. Sie fragen mich zwar immer noch nach ihrer Karriere und ihren Liebesbeziehungen, aber der

Schwerpunkt ihrer Probleme hat sich verändert. Die Menschen suchen nach einer Weltanschauung, die ihnen im Alltag hilft.
Es hilft uns, wenn wir die Kontinuität des Lebens verstehen. Die physischen Freuden gehen vorüber; das Wissen ist ewig. Sicher sollten wir die materiellen Dinge des Lebens genießen. Sie können uns Freude bereiten. Wir dürfen uns nur nicht zu sehr von ihnen abhängig machen.
»Ja, mein Kind, das stimmt. Die Dinge vergehen, aber der Gott im Inneren ist ewig. Die Menschen sind gezwungen, in sich zu schauen, um ihren Seelenfrieden zu finden.« Er lächelte.
Lawrence hatte wieder einmal meine Gedanken gelesen.
Wie soll ich diesen großen Mann erklären? Von seiner Aura geht heitere Gelassenheit aus. In seiner Gegenwart ist es, als wäre ich in einer kalten Winternacht in eine warme Decke gehüllt; ich fühle mich sicher und geborgen. Sein Charakter ist so rein, daß man unmöglich nicht von ihm angezogen sein kann. Obwohl er meine Gedanken liest, empfinde ich ihn nicht als einen Eindringling. Er weiß, daß ich ihm völlig vertraue. Sein Verhalten ist aristokratisch, ohne steif zu sein. Er ist ein großer Weiser und ein kluger Freund.
Die Stille wurde durch das Lachen eines Paars unterbrochen, das an uns vorüberging. Nach ein paar Minuten fragte Lawrence, ob ich irgendwelche Fragen hätte.
»Wie kann ich den Menschen besser helfen, die Angst vor dem Sterben zu überwinden? Ich weiß, daß es den Tod nicht gibt. Ich wußte das schon, als ich ein Kind war. Mir ist klar, daß ich mediale Fähigkeiten besitze,

die mir geholfen haben. Für mich ist es völlig normal, die andere Seite zu sehen. Ich wünschte nur, ich könnte dies jedem vermitteln.«
»Sag ihnen einfach, was du gesehen hast. Die Menschen müssen erst ihre Angst vor dem Leben überwinden, dann können sie sich auch mit dem Leben nach dem Tod beschäftigen. Es ist so ähnlich wie die Frage: Was kam zuerst, die Henne oder das Ei?« Er lachte.
»Das Wissen ebnet den Weg zur Freiheit«, fuhr er fort. »Jeder muß den Augenblick genießen. Alle Erfahrungen und Beziehungen auskosten. Jede Sekunde ist wichtig. Leben, leben, leben!« Er hielt inne und atmete tief ein.
Wir saßen noch ein paar Minuten zusammen. Seine Gegenwart war ein Segen. Dann stand er auf, versprach, sehr bald wieder mit mir in Kontakt zu treten, und verabschiedete sich.
Ich saß da und nahm plötzlich den Duft von Rosen wahr. Als ich mich im Park umschaute, sah ich keine Rosensträucher, aber rechts von mir, auf dem Boden, lag ein Dutzend pfirsichfarbener Rosen. Lawrence hatte mir einen Strauß meiner Lieblingsblumen dagelassen. Ich nahm sie auf und schlenderte zu meinem Hotel zurück. Mir war ganz schwindelig vor Freude; ich wußte, daß es meine Aufgabe war, unser Wissen zu verbreiten, und konnte es kaum erwarten weiterzuschreiben.

II. Wir ernten, was wir säen

Alles, was wir tun, beeinflußt dieses und unser zukünftiges Leben. Wenn jemand ein Verbrechen begeht, wird er vielleicht in diesem Leben nicht ertappt. Aber sein Vergehen bleibt nicht unbemerkt. Vielleicht dauert es bis zum nächsten Leben, aber was er getan hat, muß ausgeglichen werden. Das ist Karma.
Karma ist das Gesetz von Ursache und Wirkung. Es ist die Gesamtheit aller Handlungen im gegenwärtigen und in allen früheren Leben. Das Karma gibt jedem von uns die Folgen seiner Taten zurück. Wenn wir jemanden verletzt haben, müssen irgendwann einmal wir leiden, und wenn wir andere glücklich gemacht haben, kehrt dieses Glück zu uns zurück. Alles, was uns widerfährt, spiegelt die universelle Gerechtigkeit. Jeder von uns lebt an dem Platz, den er sich verdient hat. Dies gilt in der physischen und in der jenseitigen Welt.
Reinkarnation bedeutet, daß wir nicht nur ein Leben auf der Erde leben, sondern viele. Wir kehren auf die irdische Ebene zurück, bis wir durch unsere Arbeit an uns selbst vollkommen geworden sind. Vollkommenheit bedeutet völlige Selbstlosigkeit. Der Wunsch nach materiellen Vergnügungen ist durch den Dienst an der Menschheit ersetzt worden. Es dauert viele Leben, bis dieser Zustand erreicht ist. Unser Karma bringt uns auf die Erde zurück, bis wir die völlige Harmonie verdient haben. Karma und Reinkarnation gehören zusammen.
Jede Seele entscheidet für sich, wie schnell sie wach-

sen will. Manche Menschen können sich von der Sklaverei ihrer Wünsche leichter befreien als andere. Sobald wir begreifen, daß die Freuden der physischen Ebene vergänglich sind, nähern wir uns der wahren Freude, der Freude, die durch Wissen entsteht. Der Durst nach Wissen wird nicht gelöscht, wenn wir uns materielle Dinge aneignen. Wir können uns über ihre Schönheit freuen. Das Wissen, das durch Erfahrung entsteht, zeigt uns jedoch, daß wir uns wahrer Glückseligkeit nähern, wenn wir lieben, ohne festzuhalten, uns freuen, ohne etwas zu erwarten, und jeden Augenblick um seiner selbst willen leben.

Entwicklungsstufen

Im Lauf der Jahre bin ich vielen Menschen begegnet, die mir sagten, daß dies ihr letztes Leben auf der Erde sei. Sie sind sehr beleidigt, wenn ich ihnen bestimmte Fragen stelle, zum Beispiel: Sprechen Sie alle Sprachen? Haben Sie Ihre Gefühle vollkommen unter Kontrolle? Können Sie Ihren Körper nach Belieben verlassen? Sind Ihre Beweggründe jederzeit völlig selbstlos? Haben Sie jeden Wunsch nach persönlichem Gewinn aufgegeben? Sind Sie körperlich völlig gesund?
Dies sind nur ein paar Vorbedingungen für ein Dasein als Meister. Wenn wir unseren Körper, unsere Gefühle und unsere Gedanken ganz beherrschen, brauchen wir nicht mehr auf die irdische Ebene zurückzukehren. Unser Karma ist dann ausgeglichen, und alle Wünsche nach persönlichem Gewinn oder Genuß sind in die selbstlose Motivation verwandelt worden, der

Menschheit zu dienen. Es ist nicht zweckmäßig, näher auf diesen sehr fortgeschrittenen Bewußtseinszustand einzugehen, denn die meisten von uns haben noch viele Entwicklungsschritte vor sich; achten Sie also sorgfältig auf die Lektionen, die dieses Leben Ihnen präsentiert.

Materielles und emotionales Wachstum finden nur auf der physischen Ebene statt. Jedes Leben ist für unsere Seele so etwas wie ein Schuljahr. Jede Schwierigkeit ist eine Aufgabe, vor die wir gestellt werden, um auf die völlige Selbstbeherrschung hinzuarbeiten und sie am Schluß zu erreichen. Durch die Reinkarnation kann diese Erziehung von einem Leben zum nächsten weitergehen. Die Seele geht in einen physischen Körper ein, um sich weiterzuentwickeln. Die Zeit zwischen den irdischen Leben ist von Seele zu Seele verschieden. Je entwickelter die Seele ist, desto länger darf sie warten, bevor sie wieder auf die irdische Ebene zurückkehrt. Es gibt allerdings Ausnahmen: Manchmal muß eine entwickelte Seele schnell zurückkommen, um eine Aufgabe auszuführen, durch die der Welt geholfen wird. Das Karma des einzelnen hat mit allen Aspekten der Reinkarnation zu tun: Es sorgt dafür, daß eine Seele in der Familie, dem Land, mit dem Geschlecht und dem Körpertyp wiedergeboren wird, den sie sich durch ihre früheren Leben verdient hat oder der notwendig ist, um die Prüfungen des jetzigen Lebens zu bestehen.

Es gibt keine Abkürzungen zur Meisterschaft, keinen einfachen Weg zur Erleuchtung. Über weite Strecken ist der Vorgang sehr schmerzlich. Jeder von uns wird geprüft, indem er Erfahrungen anzieht, die er durch seine Entscheidungen verdient hat. Der Schmerz sagt uns, daß wir ein Problem lösen müssen. Das Leben ist das Labor, in dem Heilmittel für die Seele entwickelt werden. Deshalb sollten wir all unsere Erfahrungen auskosten und aus ihnen lernen; so wird unser jetziges Leben zum bisher besten.

Es ist mein Karma!

»Es ist mein Karma« lautet das Mantra vieler Menschen, die die Verantwortung für ihre Entscheidungen nicht übernehmen wollen. Auch wenn vieles von dem, was uns in diesem Leben widerfährt, das Ergebnis von Handlungen in vergangenen Leben ist, müssen wir uns dennoch davor hüten, das Karma als Entschuldigung für den Mangel an gesundem Menschenverstand zu benutzen.

Jody
Jody lernte immer wieder verheiratete Männer kennen und ließ sich mit ihnen ein. Immer wieder wählte sie Männer, die nicht frei waren. Weinend kam sie zu mir und sagte: »Warum muß ich ein solches Karma haben?«
Ich erklärte ihr, daß dies kein karmisches Problem sei, sondern ein psychisches. Sie brauchte einen guten Therapeuten, der ihr half, dieses Verhaltensmuster aufzulösen. Sie machte das Karma für ihre Unfähigkeit verantwortlich, klug zu wählen, obwohl sie doch frei war, zu entscheiden, wie sie wollte.
»Vielleicht ist es Ihr Karma, daß Sie von unerreichbaren Männern angezogen sind, weil Sie geprüft werden sollen. Sobald Sie Ihren spirituellen Willen dazu ver-

wenden, dieses Muster zu durchbrechen, wird es sich nicht mehr wiederholen. Ihre diesbezügliche Fähigkeit wird die Schwingung um Sie herum verändern, und Sie ziehen andersartige Beziehungen an«, erklärte ich. Wie viele andere Menschen hatte Jody wirre Vorstellungen in bezug auf das Karma; sie meinte, sie müßte einfach ihr »Schicksal« tragen. In Wirklichkeit ist es ihr Karma, ihre Männerproblematik zu bearbeiten.
Ist es das Karma eines Alkoholikers, seine ganze Inkarnation hindurch zu trinken? Oder ist dies vielleicht eine Prüfung, um die Sucht zu überwinden und so gutes, neues Karma zu schaffen? Obwohl wir nicht in der Lage sind, ein vergangenes Verhalten ungeschehen zu machen, können wir es wettmachen: Wir entwickeln uns weiter, wenn wir neues, gutes Karma schaffen. Wir müssen unsere materiellen und emotionalen Probleme lösen, solange wir im physischen Körper sind. Jedes exzessive Verhalten – zuviel trinken, arbeiten, übertriebenes Ausleben der sexuellen Bedürfnisse – erzeugt ein Ungleichgewicht. Das Leben gibt uns die Chance, unsere vergangenen – guten oder schlechten – Handlungen ins Gleichgewicht zu bringen. Wenn Sie beim Übergang vom Diesseits zum Jenseits an einer Sucht leiden, werden Sie so lange mit dem Problem wiedergeboren, bis Sie es überwunden haben.
Manche meiner reichen Klienten meinen, sie hätten ihren Wohlstand durch gute Taten in einem früheren Leben verdient. Ich sage ihnen dann: »Es ist nicht immer ein Segen, reich zu sein. Die Verzweiflung der reichen Müßiggänger ist in den Praxen der Therapeuten ein häufiges Thema. Und die sehr Reichen werden oft drogenabhängig, weil sie keine ideellen Ziele haben oder sich trotz allem, was sie haben, schnell langwei-

len. Geld kann ein Segen oder ein Fluch sein; es kommt darauf an, was Sie mit ihm machen. Sie werden in die Umstände hineingeboren, die Sie durch vergangene Taten angezogen haben. Ihr Charakter ist entscheidend, nicht, wieviel Geld Sie haben. Im Jenseits gibt es keine Banken. Es ist nicht falsch, ein angenehmes Leben zu haben, aber es ist falsch, über die Bedürfnisse der weniger Glücklichen hinwegzusehen. Es ist das Karma von uns allen, jedem zu helfen, der Nahrung oder ein Obdach braucht. Denken wir daran, daß es ein Gruppenkarma gibt. Jeder einzelne von uns ist für die Ungleichgewichte auf der Erde verantwortlich. Jeder kann entsprechend seinen individuellen Umständen helfen. Der eine führt eine Regierung, der andere bringt den Menschen bei, ihre Nahrung anzubauen, ein dritter gibt einem Bedürftigen seinen alten Mantel. Wie imposant Ihr Beitrag ist, ist egal. Wenn Sie tun, was Sie können, ist das genug – und es hat eine Auswirkung. Eine einzige gute Tat kann einem anderen Menschen den Anstoß geben, sein Leben aktiv zu gestalten.«
Genauso wie Sie für Ihr Karma verantwortlich sind, haben Sie auch die Macht, den Kurs mitzugestalten, den die Erde insgesamt nimmt.

Das Karma und unser Platz im Jenseits

Wir kommen im Jenseits an dem Ort an, den wir uns durch unsere Taten auf Erden verdient haben. Unsere materiellen und emotionalen Probleme müssen wir auf der Erde bearbeiten. Unser

Charakter löst sich nicht zusammen mit dem physischen Körper auf. Wir kommen im Jenseits als der Mensch an, der wir waren, als wir den physischen Körper verlassen haben; deshalb ist es klug, während der Zeit auf der Erde soviel wie möglich geistig und seelisch zu wachsen.

Manche Menschen denken, sie wären sofort gut und froh, sobald sie auf der anderen Seite sind. Das ist nicht der Fall! Ein Mensch, der die Erde wütend verläßt, kommt auf der Astralebene genauso an. Er ist dort von anderen »schlechtgelaunten« Seelen umgeben, bis seine Wut vergeht. Wenn Sie im physischen Bereich sehr eifersüchtig waren, gehen Sie genauso ins Jenseits. Und ein guter Mensch auf Erden wird auch im Jenseits ein guter Mensch sein. Er wird mit anderen guten Menschen zusammensein.

Ihr Charakter formt sich im physischen Bereich. Dies hat enorme Bedeutung. Aber das Leben endet nicht, wenn wir die physische Hülle ablegen. »Was du nicht willst, daß man dir tu', das füg auch keinem anderen zu«, ist ein sehr ernstes Gebot. Sie werden so behandelt, wie Sie andere behandeln. Fangen Sie am besten jetzt gleich damit an; machen Sie sich bewußt, wie Sie sich verhalten. Wenn wir nachdenken, bevor wir handeln, treffen wir klügere Entscheidungen.

Das Wissen um die Fortsetzung des Lebens im Jenseits sollte uns trösten. Wenn es uns nicht tröstet, ist es an der Zeit, unsere Anschauung zu überprüfen.

Alte und neue Seelen

Es gibt einen Mythos, der besagt, daß Sie spirituell um so entwickelter sind, je älter Ihre Seele ist.
Viele Menschen meinen, wenn jemand oft inkarniert sei, hätte er sich garantiert weiterentwickelt. Aber viele Menschen wiederholen in jedem Leben dieselben Denk- und Verhaltensstrukturen, während andere schon beim erstenmal lernen, daß man sich die Finger verbrennt, wenn man sie auf den heißen Ofen legt. Nicht die Anzahl der Inkarnationen an sich ist wichtig. Es kommt darauf an, wie man sie nutzt.
Die Beweggründe hinter unseren Taten entscheiden über die Entwicklung unserer Seele. Manche Menschen haben das Glück, dies früher zu lernen als andere; sie brauchen daher weniger Erdenleben, um völlige Selbstbeherrschung zu lernen. Jede Seele hatte andere Fähigkeiten. Jeder lernt in seinem eigenen Rhythmus.

Weiße Feder

Ein Geistführer ist kein Meister, sondern ein Leibwächter. Er hat die Aufgabe, den ihm anvertrauten Menschen zu schützen und viele Aspekte seiner medialen Arbeit zu beaufsichtigen. Nicht jeder hat einen Geistführer, aber alle Medien und Sensitiven stehen unter dem Schutz der jenseitigen Welt. Da die Indianer im medialen Bereich als Experten gelten, werden sie oft ausgewählt, um medial arbeitende Menschen zu schützen. Es ist eine große Ehre, den Namen seines Geistführers zu erfahren. Dieser spielt nicht die Rolle eines Lehrers, sondern die eines Beschützers und Mittlers. Er schützt das Medium vor negativen Einflüssen, wenn es möglich ist, und trägt dazu bei, die Verbindung zwischen Erde und Jenseits herzustellen.

Der Indianer, der auf der »Leinwand« meiner ersten hellsichtigen Vision vom Jenseits erschien, ist seitdem bei mir. Später habe ich erfahren, daß er Weiße Feder heißt. Mit seiner Hilfe sind mir viele Aspekte der jenseitigen Welt gezeigt worden. Oft habe ich während des Schlafs die jenseitigen Bereiche mit ihm besucht. Im Wachbewußtsein blitzen oft Visionen aus der Astralebene über meinen »astralen Bildschirm«. Die Zeit steht still. Das Bild bleibt ein paar Sekunden oder Minuten vor mir. Es scheint unirdisch, ist aber gleichzeitig sehr real.

Ich hatte vor meinen medialen Erfahrungen nie Angst. Nie. Hat der Künstler Angst, die Leinwand zu bemalen? Angst entsteht nur, wenn Kunst zum Konkurrenzkampf wird oder wenn die Angst uns anerzogen wurde.

Als Kind machte es mich glücklich, an heißen Sommertagen über Land zu reiten. Ich fand ein ideales Plätzchen im Schatten und ließ mich nieder, froh, allein zu sein. Ich hielt mich für so etwas wie eine Mystikerin. Die Visionen kamen dann sehr klar, und mein indianischer Freund war immer mit im Bild.

Wenn ich meine Tagebücher aus dieser Zeit lese, wird deutlich, daß ich verstand, was Reinkarnation und Karma waren; nur die Begriffe selbst kannte ich nicht. Ich war in den Zwanzigern, als ich den Namen meines Geistführers erfuhr. Er stand in meinem Wohnzimmer neben dem blauen Sessel, in dem ich bei meinen medialen Beratungen immer sitze. Er hatte die Arme vor der Brust gekreuzt (genauso, wie ich ihn mit zehn Jahren zum erstenmal gesehen hatte) und prägte mir seinen Namen medial ein.

In meinem Kopf hörte ich eine kräftige, deutliche Stimme. »Ich bin Weiße Feder. Ruf meinen Namen an, wenn du mich brauchst. Ich werde nie weit von dir entfernt sein, denn es ist meine Aufgabe, über dich zu wachen. Ich bin dir seit deiner Geburt gefolgt.«

Da ich ihn seit meiner Kindheit kannte, nickte ich zur Erwiderung nur ehrfürchtig mit dem Kopf. Ich hatte nie einen Namen für ihn gebraucht, aber es verstärkte unsere Verbindung, daß ich meinen Freund und Gefährten aus dem Jenseits beim Namen nennen konnte.

Für mich waren diese Ereignisse völlig normal. Sie gehörten so sehr zu meinem Leben, daß es keine Trennung gab. Weiße Feder und ich waren eins.

Weiße Feder beeindruckte mich immer mit hilfreichen Botschaften. Er ist immer noch dabei, wenn ich die Astralebene besuche. Mit verschränkten Armen und ruhigem Gesicht hat er mich durch all meine Reisen geleitet.

Mehr als einmal hat er mir das Leben gerettet. Als ich eine vielbefahrene Kreuzung in New York überquerte, griff ein unsichtbarer Arm nach mir und rettete mich vor einem außer Kontrolle geratenen Taxi. Die Menschen am Straßenrand schnappten nach Luft, als ich buchstäblich nach hinten flog, um aus der Reichweite des Taxis herauszukommen. Einer erschreckten Passantin sagte ich scherzhaft: »Wahrscheinlich habe ich einen Schutzengel.« Sie bekreuzigte sich und murmelte etwas. Ich dankte Weißer Feder und gelobte,

beim Überqueren von Straßen künftig umsichtiger zu sein.
Als ich einmal in Santa Fe war, sollten eine Gruppe von Freunden und ich in einem Privatflugzeug nach Nevada fliegen. In der Nacht vor der geplanten Abreise wurde mir von meinem Geistführer gesagt, ich solle nicht in dieses Flugzeug einsteigen. Ich wußte, daß der Pilot verstimmt sein würde, und sagte also seiner Frau, meiner Freundin, daß wir nicht fliegen sollten, weil das Flugzeug einen Defekt hätte. Sie hatte keine Schwierigkeiten, meine Entscheidung zu akzeptieren, aber ihr Mann bestand tobend und schreiend darauf, daß das Flugzeug völlig in Ordnung sei. Er sagte, er hätte es gerade erst warten lassen. Die beiden bekamen einen furchtbaren Streit, in dessen Verlauf er sie beschuldigte, sich von meinen medialen Kräften zu stark beeinflussen zu lassen. In der nächsten Stunde führte er alles auf, was ihm an ihr nicht paßte. Er benutzte den Vorfall, um seine Wut auf alles mögliche herauszulassen. Seine Negativität brachte sie so durcheinander, daß sie krank wurde und ins Krankenhaus mußte.
Als ich dort ankam, sah ich ihren Mann im Wartezimmer. Der Arzt sagte, daß meine Freundin mich sehen wollte. Ich wußte nicht, was geschehen war, und betrat ihr Zimmer. Meine Freundin berichtete mir von dem Vorfall und sagte, sie würde nie mehr zu ihrem Mann zurückgehen. Sie waren schon lange unglücklich, und diese Szene war der letzte Tropfen gewesen, der das Faß zum Überlaufen gebracht hatte.
Ich blieb bei ihr, bis sie ein bißchen schlafen wollte. Als ich den Raum verließ, kam ihr Mann auf mich zu und sah sehr zerknirscht aus. Er hatte das Flugzeug

noch einmal überprüfen lassen, und in der Gasleitung war ein Leck gewesen. Wenn wir gestartet wären, wären wir wahrscheinlich in Rauch aufgegangen. Er entschuldigte sich ausgiebig für sein Verhalten und dankte mir, daß ich uns allen das Leben gerettet hatte. In diesem Fall hatte Weiße Feder jedoch nicht nur unser Leben, sondern auch die psychische Gesundheit meiner Freundin gerettet. Sie hatte Angst gehabt, ihren Mann zu verlassen, und dieser Vorfall war der Katalysator, der ihr die Kraft gab, um weiterzugehen. Ihr Mann war kein böser Mensch. Er war sehr schwierig für sie, und sie hatten nicht viel gemeinsam. Beide sind jetzt sehr viel glücklicher. Und ich bin sicher, daß er sein Flugzeug immer zweimal durchcheckt.

Nicht alle meine medialen Botschaften kommen daher, daß ich die Stimme meines Geistführers in meinem Kopf höre. Es ist tröstlich zu wissen, daß er in der Nähe ist und sprechen wird, wenn er es für notwendig hält.

Weiße Feder beschützt mich nicht nur, er dient auch als Vermittler. Bei manchen Sitzungen mit meinen Klienten empfange ich lebensechte Bilder von einem Menschen, den sie lieben und der hinübergegangen ist. Weiße Feder greift meine Gedankenform auf und geht zu dem Reich, in dem die Seele wohnt. Er teilt ihr mit, daß sie ein paar Minuten gebraucht wird, und hilft mir dann, mich auf sie zu konzentrieren. Dies geschieht nur, wenn es zum Karma des Menschen auf Erden gehört, eine Botschaft zu erhalten. Der geliebte Mensch im Jenseits respektiert dies und ist glücklich, von Nutzen sein zu können.

Ich versuche nie, Seelen auf die Erde zu lotsen, wenn sie nicht kommen wollen. Die meisten Hinübergegangenen sind im Jenseits sehr beschäftigt. Sobald sie die irdische Sphäre verlassen haben, steht ihnen nicht der Sinn danach, sich wieder mit ihr zu verbinden. Es ist egoistisch und respektlos, wenn man die Hinübergegangenen zwingen will, zu uns zurückzukommen, weil wir nicht loslassen können.

Manchmal jedoch geschieht es, weil es notwendig und hilfreich ist. Es ist nicht meine Entscheidung. Ich überbringe nur die Botschaft. Dann ist Weiße Feder eine große Hilfe.

Das Karma ist entscheidend. Es ist das Karma mancher Menschen, eine Nah-Todeserfahrung zu haben, damit sie uns von ihr erzählen können oder sie die Heiligkeit des Lebens verstehen. Es ist auch karmisch bedingt, wenn jemandem erlaubt wird, eine Botschaft aus dem Jenseits zu geben oder zu empfangen. Eine Mutter erfährt vielleicht, daß ihr im Krieg hinübergegangener Sohn wohlauf und im Frieden ist. Einem Mann, der bei einem Unfall jemanden getötet hat, wird erlaubt, dem Verstorbenen zu sagen, daß es ihm leid tut. Ich habe schon die Geschichte von Henry erzählt, der Lucy sagte, daß er seine Nachlässigkeit bedauere. Er hatte das Recht verdient, diese Botschaft durch mich auszurichten.

Bill

Joan glaubte nicht an Übersinnliches. Ich wollte in ihrem Haus eine Freundin von mir treffen, die dort eine geschäftliche Besprechung hatte. Als ich das Haus betrat, überfiel mich ein starker Geruch von Zigarettenrauch, obwohl niemand rauchte. Ich saß im Arbeitszimmer und versuchte, freundlich zu sein, obwohl ich wegen des Rauchs kaum atmen konnte. Mei-

ne Freundin Sue hatte sich klar und deutlich ausgedrückt. Joan war nicht an Übersinnlichem interessiert. Sie hielt alle Medien für Betrüger. Aber als ich dasaß und wartete, spürte ich einen kalten Hauch, ein vertrautes Gefühl, das mir sagte, daß die Seele eines Verstorbenen anwesend war. Dann sah ich Weiße Feder vor mir stehen. Ich sah sonst niemanden, aber ich spürte etwas. Der Raum schien sich noch mehr mit Rauch zu füllen, und ich erstickte fast. Ich versuchte weiterhin, der zurückhaltende Gast zu sein, und sagte nichts; statt dessen konzentrierte ich mich auf Weiße Feder.
Meine Freundin kam mit Joan ins Arbeitszimmer, und wir unterhielten uns höflich. Zu meiner Überraschung begann Joan, mir Fragen zu meiner Arbeit zu stellen. Es fiel mir schwer, ihre Fragen zu beantworten, denn ständig hörte ich jemanden sagen: »Sag ihr, es tue Bill leid, daß er soviel geraucht hat. Und daß der unregelmäßige Herzschlag seiner Tochter ihm Sorgen macht.«
Ich stand vor einem Dilemma. Ich wollte dieses Phänomen Joan nicht aufdrängen, aber ich wollte auch nicht Bill vernachlässigen. Die Tatsache, daß Weiße Feder da war, machte mich selbstsicherer. Wer nicht wagt, der nicht gewinnt – ich gab die Botschaft an Joan weiter.
Sie begann zu weinen, nicht aus Trauer, sondern weil die Gefühle sie überwältigten. Meine Freundin Sue sagte mir, daß sie gerade über Bills Tod gesprochen hatten. Er hatte drei Päckchen Zigaretten am Tag geraucht. Joan meinte, diese Gewohnheit habe seinen Herzinfarkt verursacht. Sie war immer wütend auf ihn gewesen, weil er sie und die Kinder zu bald verlassen hatte.

Sichtlich erschüttert sagte Joan zu mir: »Niemand weiß vom Problem meiner Tochter. Sie hat mir erst gestern davon erzählt. Ich kann es nicht glauben.«
Ich begann mir Sorgen zu machen, daß ich nicht die richtige Entscheidung getroffen hatte. Ich hatte beschlossen, Bills Bedürfnis zu respektieren, und seine Botschaft überbracht. Aber ich wollte Joan nicht schockieren oder erschrecken. Mediale Phänomene können Menschen, die nicht darauf vorbereitet sind, aus dem Gleichgewicht bringen. Ich versuche nie, irgend jemandem Botschaften aufzudrängen. Ich war auf Joans Einstellung aufmerksam gemacht worden, und trotzdem gab ich ihr direkte Botschaften von ihrem toten Mann.
Ich war froh, als der Rauch sich klärte (physisch und emotional). Joan trocknete sich die Augen und schien wirklich glücklich. Ihre Wut auf Bill begann zu vergehen. Sie ist jetzt keine »Ungläubige« mehr und hat einen gesunden Respekt vor dem Metaphysischen. Bei meinen nächsten Besuchen bei ihr sah oder roch ich nichts mehr von Bills Zigarettenrauch. Seine Botschaft war angekommen, und er verspürte nicht das Bedürfnis zurückzukommen. Ich war dankbar, denn ich wußte, daß Bill jetzt seinen Frieden hatte. Er hatte dank seines Karmas das Recht verdient, seiner Frau zu sagen, daß er um die Gründe für seinen frühen Tod wußte. Er konnte auch seine Besorgnis um die Familie zum Ausdruck bringen. Und ich hatte das Privileg gehabt, die Botschaft zu überbringen.

Lawrence spricht mit mir
über das Karma

Als ich durch die Bleecker Street ging und leise mein Lieblingslied »Night and Day« von Cole Porter vor mich hin sang, hörte ich plötzlich, wie jemand mitsang. Ich drehte mich um und war wirklich überrascht, Lawrence zu sehen. Noch überraschender war seine professionell klingende Stimme. Ich hatte nicht gewußt, daß er singen konnte oder überhaupt wollte. Er hatte mir einmal erzählt, daß seine Mutter sehr musikalisch gewesen war, aber sein eigenes Talent nie erwähnt. Es gab eindeutig einiges, was ich von diesem großen Mann nicht wußte. Er jedoch wußte sehr viel über mich.
»Singen ist gut für die Seele. Es harmonisiert und entspannt das Nervensystem. Falls man es einfach aus Spaß an der Sache betreibt. Du, mein Kind, weißt nicht, daß ich dich in Nightclubs singen hörte, als du noch in der Theaterszene warst«, lachte er.
»Du warst da, und ich habe dich nicht gesehen? Das kann ich nicht glauben.« Ich hatte seit mindestens zwölf Jahren nicht mehr professionell gesungen. Ich war verblüfft.
»Es sieht so aus, als wäre dein Karma auf ein anderes Gleis geraten. Als hättest du einen anderen Hut aufgesetzt«, fügte er hinzu.
Nach dem College, während meiner ersten Jahre in New York, hatte ich mich voller Leidenschaft in eine Karriere als Sängerin und Schauspielerin gestürzt.
Als kleines Kind hatte ich es geliebt, zu singen und Theater zu spielen. Es war ganz natürlich für mich, Vorstellungen zu geben. Da ich außer den Seelen Ver-

storbener auch Feen und Elfen sehen konnte, fehlte es mir nie an Publikum. Im Hinterhof unseres Hauses in Iowa habe ich meinen Freunden aus dem Jenseits oft eine Vorstellung gegeben.
Wenn meine Großmutter Grace herauskam, um ihren Garten zu jäten, und fragte: »Mit wem um alle Welt redest du da?«, sagte ich nur: »Mit ein paar Freunden« und machte mit meiner Vorstellung weiter.
Nach dem College kam ich mit viel Begeisterung und wenig Geld in New York an. Ich hatte immer das Gefühl gehabt, daß ich dort leben sollte, und jetzt fühlte ich mich endlich zu Hause. Um die Miete zu zahlen, übernahm ich verschiedene Jobs, während ich meine Theaterkarriere weiterverfolgte.
Durch das Singen in Nightclubs hatte ich ein Einkommen und gewann Erfahrungen. Es gefiel mir, auf einer Bühne zu stehen, aber trotzdem hatte ich immer das Gefühl, daß etwas fehlte.
Als ich bei einem Auftritt gerade mein letztes Lied sang, erschien an einem Ecktisch plötzlich Judy Garland. Ich saß auf einem Schemel vor dem Klavier und konnte jeden im Publikum sehen; ich war sicher, daß sie vorher nicht dagewesen war. Judy saß sehr respektvoll da und hörte zu. Eine unirdische Schwingung umgab sie. Wie ich angesichts des Besuchs dieses großen Stars von der Astralebene überhaupt weitersingen konnte, ist mir ein Rätsel. Sie war schon seit ein paar Jahren im Jenseits, aber ihre große Kunst lebte weiter. Ihre Arbeit hatte mich immer inspiriert. Als ich das Lied beendet hatte, beobachtete ich, wie sie aus meinem Gesichtsfeld verschwand.
Das war das letztemal, daß ich sang, um Geld damit zu verdienen.

An diesem Abend schlief ich ein, und Judy kam im Traum zu mir. Sie sagte mir, ich würde gut singen, könnte aber den Menschen mehr helfen, wenn ich meine mediale Arbeit ganztags ausübte. Ich hatte vielen Menschen Ratschläge gegeben, die auf meinem medialen Wissen beruhten, und daher hatte ich keine Schwierigkeiten, mir einen Klientenkreis aufzubauen. Im weiteren Verlauf meiner neuen Beschäftigung verlor ich dann das Gefühl, daß etwas fehlte.
»Ich war an dem Abend da, an dem du Judy Garland gesehen hast«, unterbrach Lawrence das Schweigen.
»Das erscheint mir jetzt völlig klar«, fügte ich hinzu.
»Es war deine Entscheidung, mein Kind. Ich bin sehr froh, daß du beschlossen hast, eine andere Laufbahn einzuschlagen. Niemand hätte dich zwingen können, es zu tun. Es war dein Karma, dich zu entscheiden.«
»Lawrence, ich habe meine Entscheidung nicht einen Augenblick lang bereut. Wie du gerade gehört hast, macht mir das Singen immer noch Spaß. Es reicht mir, wenn ich zu meinem eigenen Vergnügen singe. Aber ich habe nicht oft die Ehre, daß jemand mitsingt, der so musikalisch ist wie du.«
Lachend lud er mich zu einer Tasse Kaffee ein. Wir gingen zu einem ruhigen Tisch in einem nahegelegenen Café.
»Genau wie in alten Zeiten«, sagte ich.
»Ich habe dir gesagt, daß wir uns bald wiedersehen würden.« Er nahm meine Hand.
Eine Frau stieß gegen unseren Tisch und entschuldigte sich. Als ich aufsah, tat sie mir leid, denn sie hatte ein großes Muttermal, das fast ihr ganzes Gesicht bedeckte.
»Es macht nichts«, versicherte Lawrence ihr. Das

Lächeln, das sie ihm zurückgab, erhellte den ganzen Raum.
Als sie außer Hörweite war, sagte ich: »Das muß ein sehr schwieriges Karma für die junge Frau sein.«
»Nein, sie ist mit sich im Frieden. Man sieht es an der Art, wie sie lächelt und einem direkt in die Augen sieht. Ich bin sicher, daß ihre Eltern sie geliebt und ihr gezeigt haben, wie sie mit diesem Makel fertig werden kann. Sie hat eine schöne Seele. Jeder, der mit ihr zusammen ist, wird ihr wahres Wesen sehen. Durch ihre Würde und ihr fehlendes Selbstmitleid hat sie anderen gedient.« Er hielt inne und sah zu ihr hinüber.
»Ja, es war ihr Karma, sich mit diesem Muttermal zu inkarnieren. Es ist ihre Entscheidung, wie sie damit umgeht. Ihr Verhalten erzeugt in jedem Augenblick neues, gutes Karma. Denk daran, alles ist Karma.
Niemand kommt ohne Probleme ins physische Leben. Was hätte er dann für eine Aufgabe? Jeder von uns hat seine karmischen Prüfungen. Wenn die Prüfung ansteht, können wir uns entscheiden. Der eine wird als Krüppel geboren, ist wütend und verflucht den Allmächtigen. Ein anderer Krüppel ist dankbar, daß er nicht blind oder taub ist. In jedem Fall zeigt sich die Entwicklung der Seele.« Er hielt inne, als der Kellner unsere Bestellung entgegennahm.
»Kein vernünftiger Mensch kann leugnen, daß das physische Leben vergänglich ist. Die physischen Probleme vergehen. Die Seele behält die Erinnerung an alle Leben, an alles, was wir getan haben. Diese Aufzeichnung ist für unser jetziges und für unsere zukünftigen Leben so etwas wie eine Straßenkarte. Sie zeigt uns die verschiedenen Wege, die wir einschlagen kön-

nen, um an unserem Zielort anzukommen.« Er machte noch einmal eine Pause.

Wir sprachen darüber, daß die Menschen oft Karma und Vorherbestimmung verwechseln und sie als Entschuldigung dafür benutzen, daß sie die Aufgaben, vor die das Leben sie stellt, nicht angehen – sie verstehen nicht, daß es ihr Karma ist, die Probleme zu überwinden, und nicht, sie zu akzeptieren. Dann sprachen wir darüber, wie schwierig es ist, diese immateriellen Vorstellungen zu beweisen.

»Materiell eingestellte Menschen glauben nichts, was sie nicht durch die Verwendung ihrer fünf Sinne beweisen können. Wie können wir dem Tauben beweisen, daß es Musik gibt?« warf Lawrence ein.

»Lawrence, ich meine, daß jeder zu gegebener Zeit die Wahrheit entdecken wird, egal, was er glaubt. Ist es klug, die Leute überzeugen zu wollen, daß das Leben ewig ist?« fragte ich.

»Jedem von uns wird ein bestimmtes Talent mitgegeben. Der eine kann gut Klavier spielen und macht so anderen Freude. Ein guter Arzt studiert nicht jahrelang Medizin, nur um seinen eigenen Körper zu behandeln. Vielen Seelen wäre ein Wachstum auf der physischen Ebene versagt geblieben, wenn nicht das Penizillin entdeckt und der Welt übergeben worden wäre. Du hattest viele mediale Erfahrungen und Visionen. Wozu wären sie nutze, wenn du sie für dich behieltest? Wenn du deine Gedanken über das Leben im Jenseits mitteilst, wirst du vielen Menschen helfen, die Angst vor dem Unbekannten zu überwinden. Alles, was du tun kannst, ist, deine Einsichten anzubieten. Mach dir keine Sorgen wegen der Reaktionen. Wenn es nicht dein Karma wäre, dein Wissen vorzustellen,

hättest du diese Arbeit nicht gewählt. Du hättest gut als Sängerin und Schauspielerin leben können.« Er nippte noch einmal an seinem Kaffee.
Die Frau mit dem Muttermal winkte, als sie das Café verließ.
»Eine bemerkenswerte Seele«, sagte Lawrence. »In ihrem nächsten Leben wird sie kein Muttermal haben.«
Als Lawrence sprach, schien er in einer anderen Welt zu sein. Ich wußte, was er tat. Ich tat oft dasselbe.
»Liest du die Akasha-Chronik?« fragte ich.
»Du bist ein kluges Kind«, scherzte er.
In der Akasha-Chronik sind all unsere Inkarnationen aufgezeichnet. Um Erfahrungen aus vergangenen Leben zu überprüfen, muß man sich diese astralen Aufzeichnungen ansehen. Dazu ist sehr viel Konzentration notwendig. Es fühlt sich an, als würde man eine Mauer durchbrechen, um an diese Information heranzukommen. Ich kann die astralen Dokumente nicht immer lesen. Lawrence konnte es nach Belieben.
»Mit der Zeit wird es für dich einfacher werden. Es ist wie bei jeder Kunst – Übung macht den Meister. Du kannst so viel sehen, wie zur Zeit notwendig ist. Der Einblick in vergangene Leben hilft nicht immer weiter. Das gegenwärtige Leben zählt. Die Menschheit hätte ein besseres Gedächtnis erhalten, wenn es wichtig wäre, sich an alle Leben zu erinnern. Die meisten Seelen haben Schwierigkeiten, sich schon nur an das vergangene Jahr zu erinnern, und es ist praktisch unmöglich, die Ereignisse des ersten Lebensjahres zu rekonstruieren«, sagte er.
»Die fehlende Erinnerung ist natürlich das überzeugendste Argument für die Skeptiker, die denken, daß

etwas, an das sie sich nicht erinnern können, auch nicht stattgefunden hat.
Wenn ein Tauber keine Musik hört, zeigt uns das nur, daß nicht alle Menschen hören können. Es gibt viele Berichte über die Erinnerungen an frühere Leben. Buddha sah all seine Leben ganz klar. Viele Leute berichten, daß sie deutliche Erinnerungen an vergangene Leben haben. Manche Psychiater akzeptieren Themen aus vergangenen Leben in ihren Behandlungen. Sie erkennen an, daß bestimmte Phobien und andere seelische Probleme aus früheren Inkarnationen stammen können«, meinte Lawrence.
»Reinkarnation und Karma können nicht voneinander getrennt werden«, entgegnete ich. »Die Wiedergeburt gibt uns einen schlüssigen Grund für die scheinbaren Ungerechtigkeiten des Lebens. Das Karma macht das scheinbar Unverständliche verständlich. Wozu sich anstrengen, wenn dies das einzige Leben wäre? Ich könnte es nicht ertragen, das Leid der Menschheit zu sehen, wenn ich nicht in meiner Seele wüßte, daß das Leben ewig ist. Jedes Leid, egal, wie schrecklich es ist, geht vorüber. Jede gut Tat fördert das Glück. Früher oder später wird Gleichgewicht hergestellt.« Ich sprach mit leidenschaftlicher Überzeugung.
»Wenn man lernt, das Karma zu verstehen, wird das Leben reicher. Wir bekommen viele Gelegenheiten, zu einem besseren Menschen zu werden. Die Erde zieht uns an, damit wir dazu die Möglichkeit haben. Schmerz kann durch Wissen vermindert werden. Und jetzt, mein Kind, ist es mein Karma, dich für diesmal zu verlassen«, scherzte er.
»Und mein Karma, mit deinem Abschied fertig zu werden.« Ich versuchte, nicht traurig auszusehen.

Nach den Begegnungen mit Lawrence überkam mich immer ein Gefühl des Verlusts. Als ich ihn ansah, strahlte er eine heilende Kraft aus, die mich mit Dankbarkeit für das Vorrecht seiner Gesellschaft erfüllte.
Er brachte mich zu einem Taxi, und wir verabschiedeten uns. Als das Taxi abfuhr, drehte ich mich um, um ihm zu winken, aber er war verschwunden.
Die karmische Verbindung zwischen Lawrence und mir ist sehr stark. Ich war immer absolut sicher, daß dies nicht unser erstes gemeinsames Leben war.
Abends meditierte ich ruhig bei Kerzenschein. Als ich in die Flamme starrte, sah ich ganz deutlich die Pyramiden vor mir. Die Vision dauerte ein paar Sekunden oder Minuten. Die Zeit stand still. Ich sah Lawrence, der die Kleidung vergangener Zeiten trug; er winkte jemanden zu sich. Als die Gestalt mir ihren Kopf zuwandte, sah ich ein Gesicht, das eindeutig dem meinen glich. Schließlich verblaßte das Bild, und ich wurde mir wieder meiner physischen Umgebung gewahr. Die Kerze war ausgegangen. Ich wußte ohne den Schatten eines Zweifels, daß Lawrence und ich in einer früheren Inkarnation in Ägypten zusammengewesen waren. Ich würde ihn bei unserer nächsten Begegnung danach fragen.
Der Wunsch, Judy Garland singen zu hören, überkam mich. Ich ging in mein Musikzimmer, und der Abend vor zwölf Jahren, als ich sie gesehen hatte, kam mir in den Sinn. Alle Berichte, die ich über ihr Leben gelesen hatte, schilderten eine gepeinigte Seele. Es war tröstlich zu wissen, daß sie im Jenseits einen Platz gefunden hatte, an dem sie im Frieden war. Sie hätte mich nicht besuchen können, wenn sie nicht Ruhe gefunden hätte. Auf der Erde hatte sie uns durch ihr großartiges

Talent gedient. Im Jenseits hatte sie mir durch ihre Anleitung geholfen. Heute abend würde ihre Musik meine Seele besänftigen.

Kurzzeitgedächtnis

Die meisten von uns können sich nicht an ihre früheren Leben erinnern. Aber das ist kein Freibrief für ein kurzes Gedächtnis – dafür, nicht aus vergangenen Erfahrungen zu lernen.
Wenn Sie die Vergangenheit vergessen, wiederholen Sie Fehler und Verhaltensweisen und bringen sich schließlich in einen karmischen Teufelskreis. Ihr Karma ändert sich, wenn Sie sich die Lektion ansehen, vor die Sie gestellt werden, und etwas Konstruktives unternehmen, um Hindernisse für Ihr spirituelles Wachstum zu überwinden. Wenn wir uns daran erinnern, wie wir in einer bestimmten Situation gefühlt oder gehandelt haben, verläuft unser Leben problemloser. Wenn Sie zum Beispiel immer wieder den Arbeitsplatz, Freunde oder Intimpartner verlieren, weil Sie ein Ego-Problem haben, werden Sie glückliche Beziehungen erst dann haben, wenn Sie sich das Problem ansehen, etwas ändern und es so überwinden.

Lionel

Lionel traf aus Ohio in New York ein und wollte unbedingt im Bekleidungshandel Karriere machen. Er wurde als Verkäufer in einem großen Herrenbekleidungshaus angestellt, obwohl er keine entsprechende Erfahrung hatte. Aber innerhalb von zwei

Wochen hatte er sich alle Kollegen zum Feind gemacht. Weil er tat, als wäre er besser als alle anderen, wurde er entlassen. Sein zweiter Arbeitsplatz, ebenfalls im Verkauf, endete in der ersten Woche, weil er mit niemandem sprach und sich weigerte, vom Geschäftsführer, der »null Ahnung hatte«, Anweisungen entgegenzunehmen. Dieses Verhaltensmuster behielt er bei: Er verlor noch vier Jobs. Da er unbedingt Arbeit finden wollte, kam er schließlich zu mir zur Beratung.
Er sprach darüber, wie frustriert er sei, mit Menschen zusammenzuarbeiten, die er für »gewöhnlich« hielt. Seine Herablassung war unglaublich. Er hatte für niemanden ein gutes Wort.
Ich hatte Mitleid mit ihm, denn ich spürte, daß seine Selbstgerechtigkeit ein schwaches Selbstbewußtsein verbarg. Aber seine Arbeitgeber waren an seinem Seelenleben nicht interessiert. Wenn er seine Einstellung nicht änderte, bestand wenig Hoffnung, daß er einen Arbeitsplatz behalten würde.
Ich wies ihn darauf hin und sagte voraus, daß er weiter immer wieder entlassen würde, wenn er aus seinen vergangenen Erfahrungen nicht lerne.
»Lionel, sehen Sie nicht, daß da eine Gesetzmäßigkeit vorliegt?« fragte ich.
»Doch, jeder, mit dem ich zusammenarbeite, ist dumm«, gab er barsch zurück.
»Immerhin haben die anderen einen Job und Sie nicht. Offenbar stimmt da etwas nicht. Meinen Sie, Sie wären ein schwieriger Kollege?« fragte ich.
»Nicht, wenn ich mit Leuten zusammenarbeiten würde, die mir ebenbürtig sind«, gab er zurück.
»Lionel, wieso verurteilen Sie die Leute so? Haben Sie

sich die Zeit genommen, irgendeinen Ihrer Kollegen kennenzulernen? Bestimmt gibt es da Leute, mit denen Sie sich anfreunden könnten. Das ist eine spirituelle Prüfung. Sie müssen Demut lernen. Die Jobs, die Sie anziehen, geben Ihnen die Chance, sie zu erlernen. Sobald Sie demütig sein können, wird eine Tätigkeit auf Sie zukommen, die Sie als Ehre empfinden. Das sieht vielleicht schwierig aus, aber es ist Ihre Einstellung, die die Probleme verursacht. Es ist sehr viel leichter, freundlich zu sein als wütend.« Ich hielt inne. Ich war ziemlich überrascht, als er sagte: »Na gut, ich versuch's. Ich kann diese niederen Arbeiten nicht ertragen. Aber wenn ich sie machen muß, um Erfolg zu haben, mache ich sie eben.«

Ich versicherte ihm, daß es keine niederen Arbeiten gibt, nur niedere Einstellungen. Jede Arbeit ist wichtig, und man bekommt, was man verdient. Ich drängte ihn, sich daran zu erinnern, warum er entlassen worden war, und sein Verhalten am Arbeitsplatz zu ändern.

Von mir aus ging er zu einem weiteren Einstellungsgespräch. Ich hoffte, er würde sich der negativen Wirkung, die sein Verhalten auf Menschen hatte, bewußt werden, um nicht auch die nächste Stelle bald wieder zu verlieren. Lionel hatte Probleme mit seinem Kurzzeitgedächtnis. Er wiederholte dasselbe Verhalten immer wieder, lernte nicht aus vergangenen Fehlern und saß in seinem eigenen Karma fest. Es würde schmerzlich sein, dieses Muster zu durchbrechen, denn er müßte sein fehlendes Selbstbewußtsein erkennen. Es konnte durchaus mehr als ein Leben dauern, bis er dazu in der Lage war. Er hatte die Wahl. Ein erster Schritt zur Veränderung war gewesen, daß er mich aufgesucht hatte.

Lionel würde Disziplin brauchen, um einen Arbeitsplatz zu behalten. Er würde sich zwingen müssen, höflich zu sein. Sobald dieses Verhalten ihm zur zweiten Natur geworden wäre, würde er einen Frieden finden, den er vorher nicht gekannt hatte. Dann würde sein Karma sich ändern, und er würde neue Gelegenheiten zu wachsen erhalten.

Karmische Verbindungen

Kommen wir in zukünftigen Leben wieder zusammen? Wie erkenne ich Freunde, wenn sie anders aussehen? Kenne ich meinen Mann aus einem früheren Leben?
Viele unserer Freunde und Verwandten waren in früheren Leben mit uns zusammen. Ihr jetziger Mann war in einer früheren Inkarnation vielleicht Ihr Bruder oder Ihr Onkel.
Ihre Mutter war in einem anderen Leben vielleicht eine Schwester. Manche Verbindungen zwischen den Menschen sind weder rational noch emotional zu erklären. Sie sind karmischen Ursprungs. Diese Verbindungen sind nicht immer die romantischen, idealisierten Liebesbeziehungen, die in manchen New-Age-Filmen beschrieben werden.

Sondra

Nachdem Sondra drei Wochen mit Peter befreundet war, beschloß sie, die Beziehung zu beenden. Sie sagte ihm freundlich, aber entschieden, daß sie an der Beziehung nicht interessiert sei. Er nahm die Nachricht eher stoisch auf. Aber er begann, ihr überallhin zu folgen. Obwohl ein derartiges Verhalten manchmal zwanghaft oder sonstwie pathologisch ist, stellte sich in diesem Fall heraus, daß es karmisch bedingt war.

Peter, der normalerweise ein eher sanfter Mensch war, verhielt sich nur bei Sondra so absonderlich. Er folgte ihr zwei Jahre lang. Obwohl er sie nie mit körperlicher Gewalt bedrohte, ging seine ständige Anwesenheit ihr auf die Nerven. Als ihre Freunde ihm das sagten, erklärte er, es sei seine »Aufgabe, sie zu beschützen. Ich darf sie nicht allein lassen.« Kein Argument konnte seine Überzeugung erschüttern, daß er den Auftrag hatte, sie zu beschützen. Weil er ihr nie etwas tat, konnte die Polizei nicht eingreifen.

Sondra kam voller Panik zu mir und bat mich um einen Rat. Als sie vor mir saß, sah ich sehr deutlich das Bild von einem früheren Leben in Griechenland. Obwohl ich Peter nie begegnet war und auch kein Bild von ihm hatte, konnte ich ihn genau beschreiben. In Griechenland war er ein Wächter in der Armee des Königs gewesen, und Sondra war die Tochter des Monarchen. Es war Peters Aufgabe gewesen, das Mädchen zu bewachen, aber er war nachlässig gewesen, und das Mädchen war ermordet worden. Die Trauer und die Schuldgefühle hatten ihn immer noch gepackt.

Sondra sah mich an, als wäre ich verrückt. »Das ist stark. Aber was machen wir jetzt?«

Ich sagte ihr, wir müßten Peter verständlich machen, daß sein Verhalten aus einem früheren Leben herrührte. Wenn das, was ich gesehen hatte, richtig war, würde sein Unbewußtes es sofort erkennen, und sein Auftrag wäre beendet.

Sondra brachte Peter zu mir, und ich erzählte ihm die Geschichte. Er hörte höflich zu, und später berichtete Sondra mir glücklich, daß er ihr nicht mehr folgte. Das ist jetzt zwei Jahre her, und er ist nicht zurückgekommen. Sein unbewußtes Gedächtnis akzeptierte meinen Einblick in sein früheres Leben. Er ließ die Schuld los, seine Pflicht verletzt zu haben. Dies befreite ihn und damit auch Sondra.

Es ist selten, daß ich solche Informationen erhalte. Wir dürfen das Karma nicht als Möglichkeit benutzen, um der Verantwortung für unser Verhalten zu entgehen. Das Karma kann nicht ignoriert werden, aber es sollte uns nicht davon abhalten, uns unsere Probleme von einem rationalen oder emotionalen Standpunkt aus anzusehen.

Als hätte man sich schon immer gekannt ...

Wenn Menschen sich reinkarnieren, sehen sie im allgemeinen nicht so aus wie in ihrem früheren Leben. Die Persönlichkeit und der Astralkörper lösen sich auf, wenn die Seele bereit ist, auf die Erde zurückzukehren. Das Geschlecht ändert sich, wenn es für die Lektionen, die die Seele lernen muß, notwendig ist. Manchmal ist der Körper eines Mannes notwendig, manchmal der einer Frau. Wenn es Ihr Karma ist, die Mutter einer Seele zu werden, brauchen Sie natürlich den Körper einer Frau. Wenn Sie ein großer Operntenor werden sollen, ist der Körper eines Mannes hilfreich.

Manchmal hatte eine Seele über mehrere Inkarnationen hinweg den Körper eines Mannes, aber jetzt ist der einer Frau erforderlich. Dann ist der Übergang möglicherweise schwierig. Die Betreffende wirkt vielleicht sehr maskulin, denn das Ego erinnert sich noch an seine vergangenen Leben. Umgekehrt ist es genauso. Ein femininer Mann war vielleicht zehn Leben lang eine Frau, und deshalb ist der Übergang in den Körper eines Mannes schwierig.

Wenn zwei Menschen sich begegnen, haben sie manchmal das Gefühl, als hätten sie sich schon immer gekannt. Oft waren sie in vergangenen Leben zusammen, und aufgrund ihres Karmas sind sie jetzt wieder vereint.

Gail und Eric
Gail und Eric lernten sich auf einer Reise durch Italien kennen. Beide waren allein unterwegs. In Venedig begegneten sie sich durch Zufall immer wieder. Beim drittenmal beschlossen sie, zusammen zum Abendessen zu gehen. Beide waren seit der Kindheit von Italien angezogen; beide lernten in der Schule Italienisch, und es fiel ihnen leicht. Gail ging in jeden italienischen Film, der in New York lief, und aß am liebsten italienisch. Erics Vater schenkte ihm die Reise, weil Eric sich weigerte, zum College zu gehen, solange er nicht »zu Hause« gewesen wäre, wie er Italien nannte. Sie waren beide erstaunt, wie vertraut ihnen alles erschien, obwohl sie das Land noch nie zuvor besucht hatten. Beide hatten des öfteren denselben Traum gehabt: Sie waren in Venedig und suchten nach jemandem, den sie nicht finden konnten. Für den Rest der Reise durch das Land ihrer Träume blieben sie zusammen. Als sie wieder in New York waren, heirateten sie, schlossen ihre Ausbildung ab

und zogen nach Italien. Heute schreibt Eric für eine italienische Zeitung, und Gail arbeitet in einem Museum. Ich bin noch nie zwei glücklicheren Menschen begegnet. Ist das Karma? Ganz bestimmt!

Wichtig ist, wie man lebt

Wir alle haben viele Leben gelebt und auf unseren Reisen viele Menschen kennengelernt. Unsere Seelen treffen wieder aufeinander, wenn es einen karmischen Grund dafür gibt.
Wenn Sie einem Menschen Schmerz oder Schaden zugefügt haben, müssen Sie ihm noch einmal begegnen. Wenn Sie Liebe und Freude gegeben haben, wird Ihnen auch dies zurückgegeben werden. Ihr Höheres Selbst weiß alles. Es ist der Teil von uns, der unser individuelles Leben erschafft. Das göttliche Selbst kehrt auf die Erde zurück, um frei zu werden. Es gibt keinen äußeren persönlichen Gott im Himmel, der unsere Taten beurteilt. Unsere Handlungen beurteilen sich selbst.
Karma und Reinkarnation schließen niemanden und keine Religion aus. Es ist egal, ob Sie Christ, Jude, Hindu, Moslem, Buddhist oder Angehöriger irgendeiner anderen Religionsgemeinschaft sind. Wichtig ist, wie Sie leben. Den Platz, der Ihnen im Jenseits zugewiesen wird, haben Sie sich durch Ihre Taten in diesem Leben verdient. Niemand wird wegen seiner Rasse, seines Geschlechts oder seiner Religionszugehörigkeit ausgeschlossen. Es ist auch nicht notwendig, daß Sie an das Leben nach dem Tod glauben; aber es hilft, es macht den Übergang leichter. Je bewußter ein Mensch ist,

desto mehr nimmt er wahr. Gläubige Menschen brauchen nach dem Übergang wenig Zeit zum Ausruhen. Sie sind zu aufgeregt, um eine Pause zu machen und sich auszuruhen. Nichtgläubige jedoch brauchen Zeit, um sich auf die Veränderung einzustellen. Oft bleiben sie eine Zeitlang in einem Zustand, der dem Schlaf gleicht. Das ist nicht schlecht, nur weniger erfüllend: Wer während eines Films schläft, wacht ausgeruht auf, hat aber eine Erfahrung verpaßt.
Jedes Leben gibt uns viele Gelegenheiten, zu einem besseren Menschen zu werden. Es ist aufregend und lustvoll, jeden Augenblick des Lebens auszukosten. Dies gilt für die physische Welt und für das Jenseits. Wir wollen jetzt einige seiner Bereiche besuchen.

III. Der Himmel

Den Himmel denkt man sich gemeinhin als einen Ort höchsten Glücks, als immerwährende Gemeinschaft mit Gott. Dieser wird abwechselnd als höchste Realität oder als Liebe definiert. Infolgedessen ist der Himmel der Ort der Liebe.
Der Ort, den ich Himmel nenne, ist ein Ort, an dem Sie ankommen, wenn Sie ihn sich durch Ihre Taten verdient haben. Ein liebevoller Mensch verdient seinen Platz im Himmel, dem Zuhause der Liebenden, indem er auf der Erde als guter Mensch lebt.
An einem heißen Nachmittag ein Eis schlecken, durch die Berge fahren, den geliebten Menschen im Arm halten, Ihrem Lieblingsmusikstück zuhören, ein großes Kunstwerk betrachten, ein schwieriges Projekt abschließen oder am Strand liegen – bei alldem könnte man sich »wie im Himmel« fühlen. Wenn Sie zehn Menschen bitten, Ihnen »ihren Himmel« zu beschreiben, bekommen Sie zehn verschiedene Antworten. Für Terry ist es ein Nachmittag, an dem sie in den Antiquitätenläden stöbert, und ein Abend, an dem sie mit ihrem Mann bei Kerzenschein diniert. Mort findet den Himmel, wenn er durch sein Teleskop die Sterne beobachtet, während es für Lee ideal wäre, ein Tennismatch zu gewinnen. Ellen möchte zehn Pfund verlieren, ohne zu hungern, und Jo möchte nichts anderes, als der Frau seiner Träume zu begegnen und sie zu heiraten. Clifford will nur Geld, während Shari meint, »der perfekte Job« würde sie glücklich machen. Für Leslie, die Krebs hat, wäre es der Himmel, ganz gesund zu sein. Und Michael wünscht sich den Seelenfrieden.

Genauso wie Schönheit von der Einstellung des Betrachters abhängt, ist es mit dem Himmel. Wenn wir uns verändern, ändert sich auch unsere Vorstellung vom Glücklichsein. Für ein Kind ist es ein Bonbon, für einen Teenager die Anerkennung seiner Bezugsgruppe, und ein älterer Mensch erlebt das Göttliche in der Aussage des Arztes: »Sie sind vollkommen gesund.«

Was für den einen der Himmel ist, kann für einen anderen die Hölle sein. Ein Mensch, der Zwänge nicht ertragen kann, findet in einer Firma, in der seine Kreativität unterdrückt wird, keinen Frieden: Seine Freiheit ist ihm wichtiger als finanzielle Sicherheit. Ein auf Sicherheit bedachter Mensch dagegen würde sich als Unternehmer nicht wohl fühlen. Er zieht es vor, weniger Geld zu verdienen und zu wissen, daß es regelmäßig eingeht, als mit einem Risiko leben. Eine Frau, die Angst davor hat, allein zu leben, bleibt in einer unerfüllten Ehe, weil sie sie einem Dasein ohne Partner vorzieht.

Meine Großmutter Grace, eine sehr liebevolle Frau, fand ihr Glück, wenn sie in ihrem grünen Sessel saß und sich ausruhte. Für sie war das der Himmel. Durch ihre Taten auf der Erde hatte sie das Recht verdient, so in Frieden zu ruhen, wie es für sie am angenehmsten war. Sie war ohne Angst ins Jenseits hinübergegangen und konnte tun, was sie wollte – in ihrem Lieblingssessel sitzen und alles um sich herum beobachten. Mit der Zeit, wenn sie bereit dazu ist, kann sie dann andere jenseitige Bereiche kennenlernen.

Ihre Zwillingsschwester, Tante Mayme, dagegen erkundet alles, was es im Jenseits zu sehen gibt. Mayme ist viele Jahre vor Großmutter hinübergegangen, aber zu ihren Lebzeiten gab Großmutter immer kritische Kommentare zu ihrer Ruhelosigkeit ab. Diesen Charakterzug hatte sie ins Jenseits mitgenommen: Für Mayme wäre es eine Qual, die ganze Zeit in einem Sessel sitzen zu müssen; für Großmutter dagegen ist es göttlich. Beide können im Jenseits so leben, wie sie wollen.

Devachan

»Devachan« ist das Sanskrit-Wort für »Himmel«; es bedeutet auch »Platz der Götter«.
Menschen mit gutem Charakter gehen zwischen ihren Leben auf der Erde nach Devachan, einem »Bewußtseinszustand«. Wieviel Zeit jemand zwischen den irdischen Leben dort verbringt, ist unterschiedlich und hängt vom Karma des einzelnen ab.
In Devachan sind Sie von denen umgeben, die Sie auf der irdischen Ebene gekannt haben. Da es ein himmlischer Zustand ist, können Sie jeden sehen, den sie sehen wollen, und tun, was Ihnen am meisten gefällt, und zwar ohne die Probleme und den Schmerz des physischen Lebens. Unsere Glückseligkeit würde beeinträchtigt, wenn wir uns mit den Problemen geliebter, noch lebender Menschen beschäftigten.
Ein Vater zum Beispiel, der hinübergeht und eine Frau und einen Sohn im Teenager-Alter zurückläßt, würde keinen Frieden finden, wenn er die Probleme seiner Familie beobachtete. Er kann nichts an ihnen ändern, denn er ist nicht dort. Wir müssen wirklich »über das Grab hinaus lieben« – aber nicht auf unproduktive Art.

Wir lieben wirklich selbstlos, wenn das Verständnis die Sentimentalität ersetzt. Der Vater sieht ein, daß die geliebten Menschen, die er zurückgelassen hat, ihre Lektionen, ihr Karma erleben müssen. Zu gegebener Zeit werden sie alle wieder vereint. Denken Sie daran: Im Jenseits regiert die Vernunft. Wenn Sie eine Situation nicht ändern können, dann verweilen Sie nicht bei ihr: Gehen Sie weiter. Mit diesen Gedanken im Sinn wollen wir uns jetzt einige der jenseitigen Bereiche ansehen.

Die verschiedenen Reiche

Als ich ein Kind war, wurde mir von einem Himmel, einer Hölle, einem Fegefeuer und einer Vorhölle erzählt. Im Himmel lebte der liebe Gott sowie alle guten Menschen zusammen mit den Engeln und Musik. Die Hölle war ein schrecklicher Ort, dessen Merkmale Feuer und Dämonen waren. In der Vorhölle hielten die ungetauften Babys sich auf. Die Bilder von Babys, die im Raum zwischen Erde und Himmel schwebten, verfolgten mich. Ich konnte nicht verstehen, wieso Babys für eine fehlende Zeremonie leiden mußten.

Glücklicherweise begannen die Mißverständnisse sich zu klären, als ich sieben Jahre alt war. Durch meine Hellsichtigkeit, durch die ich mich auf die astrale Ebene einstellen konnte, erhielt ich eine ganz andere Vision vom Leben nach dem Tod. Die Sphären, die wir Himmel bzw. Devachan nennen, waren wunderschön. Der Anblick der niederen – höllischen – Sphären ist für mich immer noch schlimm.

Überblick

Es gibt viele verschiedene Reiche in Devachan. Wir verdienen uns unseren Platz durch unsere spirituelle Entwicklung und unseren Charakter. Es ist, wie wenn man eine Leiter hinaufsteigt. Jede Sprosse bringt uns der Spitze näher. Manche Menschen steigen langsam und ängstlich hinauf, andere schnell und furchtlos. Am Ende kommen alle oben an. Entscheidend ist, wie es geschieht. Jeder Schritt, der uns der vollkommenen Glückseligkeit näherbringt, sollte ausgekostet werden. Lawrence sagte oft: »Warum rasen? Wir haben die Ewigkeit vor uns.«

Es ist schwer zu beschreiben, was Sie vorfinden werden, wenn Sie die verschiedenen Bereiche betreten. Erst sehen Sie geliebte Menschen, die Sie an der Grenze erwarten. Ihre Aufregung ist ansteckend. Es ist eine Ehre, Neuankömmlingen die Schönheit zu zeigen, die Sie in Devachan erwartet. Die Farben sind überwältigend. Alles ist leuchtender und lichtvoller als auf der Erde. Jeder Teil des Jenseits scheint total lebendig zu sein. Verfall, Krankheit und Negativität gibt es nicht.

Die Gärten sind üppig und exotisch und scheinbar endlos. Die einzigen vergleichbaren Gärten, die ich auf der Erde gesehen habe, sind die von Findhorn in Schottland und der auf dem Landbesitz von Sir William (dem Lehrer von Lawrence).

Als ich zum erstenmal nach Findhorn kam, war ich überwältigt von den Rosen, die sehr viel länger blühten als alle anderen Rosen, die ich je gesehen habe. Findhorn ist ein wirklich bemerkenswerter, magischer Ort. Eileen Caddy, eine entzückende Frau mit einer echten medialen Begabung, erhielt die Eingebung,

Findhorn zum Leben zu erwecken. Sie hatte mediale Botschaften erhalten, die sie anwiesen, mit den »Naturgeistern« zu kommunizieren – Wichteln und Feen, die sie lehrten, ihre Gärten schöner und fruchtbarer zu machen. Es war ein Experiment, das wunderbar funktionierte; für mich war es sehr aufregend, das Geheimnis von Findhorn zu erleben.

Alle Arten von Blumen und Bäumen, die ich je gesehen habe, füllen die wunderschönen astralen Gärten.

In den Flüssen im Jenseits fließt das klarste Wasser; jeder Tropfen schimmert wie ein Diamant. Die einzelnen Bereiche sind durch Wasser voneinander getrennt. Wenn wir spirituell wachsen, kommen wir in ein höheres Reich. Je höher das Reich, desto klarer das Wasser. Das Licht wird immer heller, wenn wir die Leiter der Seelenentwicklung hinaufsteigen.

Diese Entwicklung findet in der physischen Welt statt. Wenn wir in der physischen Welt zu einem besseren Menschen werden, kommen wir nach dem Übergang in ein feineres Reich im Jenseits. Wir schaffen uns unseren Platz im Himmel durch unsere Taten auf Erden.

In Devachan herrscht große Geschäftigkeit. Sie werden von der Aktivität angezogen, die Sie interessiert. Wenn Sie zum Beispiel mehr über Ihren irdischen Beruf lernen möchten, sind entsprechende Lehrer da. Eine Unterweisung ist leicht möglich.

Es gibt Stadtviertel mit Häusern in perfektem Zustand; sie werden von den Seelen mitgebracht, die weiter in ihnen leben wollen. Für viele ist es tröstlich, in einem jenseitigen Faksimile ihres irdischen Zuhauses zu leben. (Meine Großmutter Grace ist eine von vielen, die in einem Haus leben.)

Der Himmel setzt den geistigen Zustand fort, in dem Sie beim Übergang sind. Sie können ein Haus haben, wenn Sie dies wollen, aber es ist nicht notwendig. Sie haben die Wahl. Da dies das Land ist, in dem es Zerfall nicht gibt, brauchen die Häuser nicht unterhalten zu werden.

Kunstgalerien

In den astralen Galerien hängen die Originale aller Bilder, die je auf Erden gemalt wurden. In der physischen Welt ist es nicht möglich, das »wirkliche« Kunstwerk zu schaffen, denn in ihr besitzen wir nicht die Werkzeuge, um einen Gedanken auf Leinwand zu bannen. Alles wird erst im Jenseits geschaffen und dann in die physische Welt transponiert. Dabei geht natürlich etwas verloren. Es ist schwer, sich das vorzustellen, aber es wird Ihnen deutlich, wenn Sie die großen Kunstwerke in Devachan sehen. Da sind vertraute Gemälde, etwa Monets und Gauguins – aber sie sehen irgendwie anders aus, voll von pulsierender Energie. Die Farben sind intensiver als auf der Erde, und im Gegensatz zur Erde verschlechtert der Zustand der Kunstwerke sich nicht. Es ist aufregend, Meisterwerke zu sehen, auf denen die Zeit keine Spuren hinterlassen hat.
Maxfield Parrish war immer einer meiner Lieblingsmaler. Weiße Feder hat mir geholfen, seine Werke zu finden. (Die Galerien sind so riesig, daß Sie Hilfe brauchen, um bestimmte Werke zu finden.) Ich mußte lernen, meinen astralen Bildschirm auf das Werk von Parrish einzustellen. Ich habe noch nie ein so intensives Blau gesehen wie Parrishs Blau in der geistigen Welt.

Ich sitze gern in Kunstmuseen und sehe mir Gemälde an. Es macht mich ruhig und friedlich; das Wissen, daß ich in der Schwingung der Größe bzw. Göttlichkeit bin, gibt mir spirituellen Trost. Wenn ich die Kunst im Jenseits sehe, weiß ich, daß die Inspiration aus diesem Bereich kommt, daß die Ideen im Geist entstehen und ihre Ausführung den Menschen auf der Erde anvertraut wird, die sich das dazu benötigte Talent verdient haben. Es dauert viele Erdenleben, bis ein großes Talent vollkommen geworden ist.
In der Nähe der Kunstgalerien arbeiten viele Menschen an verschiedenen Formen der Kunst. Es gibt Kunstlehrer, die die Arbeit der Künstler begutachten und ihnen helfen. Es erschien mir plausibel, daß der Kunstunterricht in der Aura der Galerien stattfand. Ihre Schönheit verbesserte die Inspiration. Die Schüler hatten die großen Werke vor sich und konnten von ihnen lernen.
Die Ausbildung geht auch nach dem Tod weiter. Sie brauchen nicht zu büffeln, Sie beobachten einfach. Auf der Erde haben wir nie genug Zeit, um die Dinge zu lernen, die uns interessieren, denn wir sind so mit materiellen Angelegenheiten beschäftigt. Da dies im Jenseits nicht der Fall ist, können wir ohne Unterbrechung arbeiten oder beobachten. Viele berühmte Künstler teilen ihr Wissen anderen mit; es gibt jedoch auch einige Künstler, die lieber in relativer Abgeschiedenheit arbeiten. Wenn die jenseitigen Künstler schöpferisch tätig sind, können die Gedankenformen begabten, empfangsbereiten Menschen auf der Erde geschickt werden.
Unter anderem aus diesem Grunde werden manche noch lebenden Künstler mit berühmten Künstlern

verglichen, die hinübergegangen sind. Es ist nicht immer so, daß sie deren Arbeit kopieren oder von ihr beeinflußt werden (obwohl das Beispiel ein guter Lehrmeister ist). Die meisten großen Werke in jeder Kunstsparte sind eine Synthese aus vielen vorbereitenden Leben und einer Inspiration von der Astralebene.

Bibliotheken

Weiße Feder hat mir auch die Bibliotheken gezeigt; Millionen von Büchern erstrecken sich weiter, als das Auge reicht. Alle Originalmanuskripte befinden sich hier und außerdem die *wahre* Geschichte von allem, was je geschehen ist.
Im physischen Bereich zeichnen die Historiker ihre eigene Interpretation der Ereignisse auf. Der eine beschreibt eine Schlacht so, ein anderer so. Die Bücher auf der Astralebene berichten *genau*, was geschehen ist; sie geben nicht die Meinung von irgend jemandem über ein Ereignis wieder. Dies ist ein Segen für die Historiker, die versuchen, die Vergangenheit minuziös zu rekonstruieren.
So können Sie einen detaillierten Bericht über die verschwundenen Kontinente Mu oder Atlantis lesen. Die Schlachten Napoleons, der Hof von König Artus, Merlins Platz in der Geschichte Englands und die letzten Augenblicke im Leben von Sitting Bull sind nur ein paar der Bände, die die Regale füllen. Stellen Sie sich vor, Sie könnten alles lesen, was Sie interessiert. (Gewisse Bücher jedoch stehen nur denen zur Verfügung, die das Recht verdient haben, sie zu

lesen. Diese Bücher, die sich in den höheren Bereichen befinden, würden von Anfängern nicht verstanden.) Natürlich brauchen Sie in den himmlischen Reichen nichts zu tun oder zu lesen, wenn Sie es nicht wollen. Niemand wird Ihre literarische Auswahl oder Ihren künstlerischen Geschmack beurteilen.

Sie kommen an den Ort, den Sie verdient haben. Wer Frieden verdient, wird nicht gestört werden. Da jeder von uns andere Vorstellungen vom Glück hat, stehen uns viele Alternativen offen.

Molly

Molly hatte Probleme mit dem Herzen und ist deshalb vor ein paar Monaten hinübergegangen. Sie war mit einer ererbten Herzschwäche geboren worden und wußte immer, daß sie nicht so lange leben würde wie andere Leute. Sie war nicht negativ eingestellt – sie war einfach pragmatisch. Sie hatte drei riskante Operationen überlebt. Ich lernte sie kurz nach ihrer letzten Operation kennen.

Sie kam atemlos und sehr aufgeregt in meiner Wohnung an; ihr flammendrotes Haar stach mir in die Augen. Sie bedankte sich, daß ich so kurzfristig Zeit für sie hatte. Sie meinte, es wäre ein Notfall, und so führte ich sie gleich herein.

»Ich weiß nicht so richtig, wie ich anfangen soll«, sagte sie ungestüm. Ich mochte sie sofort. Sie strahlte Herzenswärme und Freundlichkeit aus.

»Mary, ich habe noch nie mit einem Medium gesprochen. Ich glaube, daß Sie der Mensch sind, den ich gesucht habe.« Sie machte eine Pause.

Ich konnte ihr sagen, daß es ihr nicht gutging. Sie sah

gut aus, auch wenn sie ein bißchen bleich und dünn war. Aber die spezielle Grünschattierung in ihrer Aura (dem unsichtbaren Feld um einen Menschen herum) zeigte mir, daß sie geschwächt war.
»Ich bin ziemlich krank«, konstatierte sie ohne Sentimentalität.
»Es ist das Herz«, bestätigte ich.
»Jetzt sehe ich, wie das Talent funktioniert«, lachte sie.
Molly wurde ernst und erzählte mir ihre Geschichte.
Kurz gesagt war sie auf dem Operationstisch »gestorben«, hatte die Astralebene besucht und war in ihren Körper zurückgekehrt. Sie beschrieb dieses Abenteuer mit lebendigen Details. Erst hörte sie, wie der Arzt der Krankenschwester zurief: »Mein Gott, wir verlieren sie.« Dann war sie über ihrem Körper und sah sich das Personal an, das versuchte, sie wiederzubeleben. Als sie ihren Körper auf dem Tisch beobachtete, hörte sie ein lautes Geräusch – fast so etwas wie ein Donnern –, dem eine schnelle Bewegung folgte. Dann hatte sie das Gefühl, sich auf ein helles Licht und den Schatten eines Menschen in der Ferne zuzubewegen.
»Hatten Sie Angst?« fragte ich.
»Nicht eine Sekunde«, sagte sie.
Es war ihr Onkel Al, der sie begrüßte. Es kam ihr merkwürdig vor, daß sie ihn sah, denn vor seinem Übergang hatten sie sich nicht besonders nah gestanden. Er lächelte herzlich und gab ihr ein Gefühl der Geborgenheit. Er nahm Mollys Hand und sagte ihr, sie müßten sich beeilen, denn sie hätten wenig Zeit.
Eine ihrer deutlichsten Erinnerungen war, daß ihre Füße und Beine sich kalt anfühlten, der obere Teil ihres Körpers jedoch nicht. Al wies sie an, sich an ihm

festzuhalten, damit sie nicht hinfiele, denn sie wußte nicht, wie sie sich im Jenseits bewegen sollte. Er lachte, als er erklärte, wie komisch es sei, neu angekommene Seelen beim »Jenseitsgang« zu beobachten. Er sagte, es sähe so aus wie Charlie Chaplin in seinen Filmen.
Molly hatte das Gefühl zu fliegen. Sie kamen vor einem großen, fast gotisch zu nennenden Gebäude an. Im Hineingehen sagte Al ihr, daß jemand mit ihr sprechen wollte. Sie betraten einen Raum, der wie ein Sitzungssaal aussah. Um einen riesigen Tisch herum standen ungefähr hundert Stühle. Die Frau, die am Ende des Tisches saß, drängte sie, sich zu beeilen.
Al bewegte sich schneller. Die Frau sagte Molly, sie solle Platz nehmen und keine Angst haben. »Hör genau zu. Du hast auf der Erde noch etwas zu tun. Wenn du es erledigt hast, kommst du wieder hierher zu uns zurück«, sagte sie Molly fest, aber freundlich.
Sie spürte Mollys Enttäuschung bei dem Gedanken, wieder zurück auf die Erde gehen zu müssen, und schalt sie. »Aber, aber, sei kein Baby. Du warst damit einverstanden, bevor du geboren wurdest. Es macht nichts, daß du dich nicht richtig daran erinnerst. Es ist karmisch vorgegeben.«
Die Frau erklärte dann Mollys Aufgabe: Sie sollte ins physische Leben zurückkehren und ein Medium namens Mary finden, das in Greenwich Village lebte. Molly sollte ihr von ihrem Besuch auf der Astralebene erzählen. Die Frau sagte dann, das Medium würde ein Buch über seine Erfahrungen mit der anderen Seite schreiben und Mollys Geschichte könnte dazu beitragen, andere zu belehren. Sie sagte Molly, Mary würde die Information an die Öffentlichkeit bringen. Wenn

sie Mary gefunden hätte, sollte sie ihr Grüße von der »alten Dame« bestellen. Sie würde dann wissen, was dies bedeutet. Dann fragte sie Molly, ob sie noch irgendwelche Fragen hätte.
»Wie heißt das Medium mit Nachnamen? Wo genau in Greenwich Village wohnt sie? Wie soll ich sie finden?« fragte Molly.
»Du bist ein kluges Mädchen. Es ist deine Aufgabe, sie zu finden. Du kannst nicht erwarten, daß die Dinge so einfach sind. Du wirst wissen, daß sie die richtige ist, weil sie das Buch schreibt. Al, bring deine Nichte durch die Gärten, und zeig ihr dann den Weg zurück. Ich werde auf dich warten, wenn du auf diese Seite des Lebens zurückkehrst. Geh jetzt, du hast Arbeit vor dir.« Die Dame winkte ihr zum Abschied zu. Molly sagte mir dann: »Ich wünschte, ich könnte die Schönheit der Gärten beschreiben. Ich habe noch nie solche Blumen gesehen wie dort. Sie sind so lebendig, man denkt, sie würden einem im nächsten Augenblick ›Hallo‹ sagen. Ich begriff, warum dieser Ort Paradies genannt wird. Ich hätte mir immer und ewig die Landschaft ansehen können, aber Al sagte mir, es wäre Zeit, in meinen Körper zurückzugehen.
Das nächste, an das ich mich erinnere, ist, daß ich im Krankenhaus wach wurde.« Molly machte eine Pause und wartete auf meine Antwort.
Ich spürte, daß Molly Angst hatte, ich würde ihr nicht glauben.
»Wie haben Sie mich gefunden?« fragte ich sie.
»Als ich aufwachte, war ich zunächst ganz durcheinander. Es dauerte ein paar Tage, bis ich mich an den ganzen Vorfall erinnert hatte. Der Arzt sagte mir, daß

ich fast gestorben wäre. Alle hatten sich große Sorgen gemacht. Meine Schwester weinte und sagte mir, ich wäre gestorben und es wäre ein Wunder, daß ich noch lebte. Als ich wieder bei Kräften war, wollte ich allen erzählen, was ich gesehen hatte. Meine Schwester glaubte mir nicht so ganz. Ich beschloß, es meinen Eltern nicht zu sagen. Es schien nicht notwendig zu sein.« Sie hielt inne.
Molly beschrieb dann ihre Suche nach mir. Da sie vorher noch nie bei einem Medium gewesen war, kannte sie sich in der Szene nicht aus. Sie rief mehrere spiritistische Gemeinschaften an, hatte aber keinen Erfolg. Ihre Freunde konnten ihr nicht helfen. Ihre Suche endete, als sie in der Praxis ihres Arztes nach einer Zeitschrift griff und einen Artikel über verschiedene Medien entdeckte, unter anderem eine Mary T. Browne, die in Greenwich Village lebt.
»Sie schreiben das Buch, nicht wahr?« Sie hielt den Atem an, als sie auf meine Antwort wartete.
»Ja, Molly, das tue ich.«
Sie weinte vor Erleichterung, und ich versicherte ihr, daß ihre Geschichte wortwörtlich wiedergegeben würde.
»Molly, kannst du mir noch ein bißchen über die ›alte Dame‹ erzählen?« fragte ich.
»Sie war eine sehr stattliche Frau. Um ihren Kopf hatte sie einen Schal geschlungen. Ihre Kleider sahen aus, als wären sie aus dem letzten Jahrhundert. Sie sprach schnell und mit einem Akzent, den ich nicht zuordnen konnte. Ihre durchdringenden Augen fielen mir auf. Die Frau schien sehr beschäftigt zu sein. Ihre Gegenwart hätte mich einschüchtern können, wenn nicht soviel Liebe von ihr ausgegangen wäre.« Sie hielt inne, um Atem zu holen.

»Wer ist sie, und warum nennt sie sich ›die alte Dame‹?« fragte Molly.
Ich erklärte ihr, daß sie eine Lehrerin von mir war. Molly hatte recht, als sie ihre Kleider dem letzten Jahrhundert zuordnete, denn sie ist 1891 hinübergegangen. Es klingt vielleicht respektlos, jemanden »die alte Dame« zu nennen, aber in diesem Fall ist es ein Kosename, der nur von ihr nahestehenden Menschen benutzt wird.
Die »alte Dame« setzt ihre Arbeit im Jenseits fort, indem sie bestimmte Menschen inspiriert. Ich bin seit zwanzig Jahren auf sie eingestimmt, und ihr Einfluß aus dem Jenseits hat meine Arbeit sehr unterstützt. Die Jenseitigen helfen uns, wenn wir diesen Beistand verdient haben. Oft kommt die »alte Dame« direkt zu mir. Alles, was sie tut, hat einen bestimmten Zweck. Sie benutzte Molly als Boten, damit die Menschen etwas über Nah-Todeserfahrungen lernten.
Molly und ich wurden gute Freundinnen. Sie sog das Wissen wie ein Schwamm auf. Ich lieh ihr Bücher über Reinkarnation und Karma. Ich lernte ihre Familie kennen. Es waren nette Leute, die Molly sehr liebten. Wir mußten sie nicht großartig von der Realität ihrer Reise überzeugen. Da es sehr spirituelle Menschen waren, glaubten sie an ein Leben nach dem Tod. Molly lachte oft und erinnerte mich daran, daß es *meine* Aufgabe war, die Menschen zu informieren, nicht ihre.
Sie ist vor etwas weniger als einem Jahr hinübergegangen. Am Abend vor ihrem Übergang war ich im Haus ihrer Mutter bei ihr. Ihre letzten Worte an mich waren: »Kann ich dort drüben irgend etwas für dich tun?«
»Danke der ›alten Dame‹ in meinem Namen. Und fin-

de bitte auch meinen Freund Nicky, und sag ihm, daß ich ihn sehr liebe«, antwortete ich.
»Es wird mir eine Freude sein«, antwortete sie. Sie wurde einen Augenblick still und fragte dann: »Mary, meinst du, ich könnte der ›alten Dame‹ helfen? Ich habe so oft daran gedacht, dich danach zu fragen. Ich weiß, daß viele Menschen im Jenseits arbeiten. Ist es arrogant, wenn ich denke, daß die ›alte Dame‹ meine Hilfe brauchen könnte? Ich werde euch bald verlassen. Ich sehe immer Onkel Al, wenn ich die Augen schließe – er sagt mir dauernd, daß ich bald zu Hause sein werde.« Sie ruhte sich aus.
»Molly, du kannst ihr sicher helfen. Du wirst eine wunderbare Assistentin sein. Vergiß nicht, daß du karmisch mit ihr verbunden bist. Es war kein Zufall, daß du ausgewählt wurdest, um mir die Botschaft zu überbringen. Durch deine Geschichte und deinen persönlichen Mut hast du vielen Menschen gedient. Auf der anderen Seite wirst du weiter dienen.«
Am nächsten Morgen verließ Molly uns, um »heimzugehen«. Wie versprochen habe ich ihre Geschichte erzählt.

Gottesdienst

Es ist nicht wichtig, welcher Religionsgemeinschaft Sie auf der Erde angehören. Sie können im Jenseits beten, wenn Sie dies wollen. Bei der Ankunft im Jenseits sehen viele Menschen, daß dies nicht notwendig ist. Jedes Leben, das dem Dienst am Nächsten geweiht ist, ist eine Form des Gebets. Jede Handlung, die aus Dankbarkeit erfolgt, ist Beten.

Im Jenseits finden Gottesdienste aller Konfessionen statt, und Sie können sich entscheiden, ob Sie daran teilnehmen oder nicht. Manche Menschen fühlen sich besser, wenn die Schwingung der Kirchen oder Tempel sie umgibt, in die sie auf der Erde gegangen sind. Ein sehr großes, nicht konfessionell gebundenes spirituelles Zentrum steht im Mittelpunkt der Aktivität. Jeder ist willkommen. In der Mitte steht eine riesige Orgel. Große Buntglasfenster geben dem Gebäude unvergleichliche Schönheit. Oft spielen Liszt oder Bach zur Freude aller, die zuhören wollen. Auch andere große Lehrer spielen, um die Bewohner des Jenseits zu belehren. Manchmal hört man die Musik auf der Erde.

Musik

Am Heiligen Abend 1984 saß ich um Mitternacht mit ein paar Freunden im Wohnzimmer und unterhielt mich, als ich ganz schwach Musik hörte. Es war unirdisch und gleichzeitig sehr real. Als ich mich konzentrierte, strömte die Stimme einer Frau, die »Stille Nacht« sang, durch meinen Geist. Hinter der Sängerin hörte ich ganz deutlich einen »Engelschor«. Ich konzentrierte mein Gesichtsfeld auf die astrale Welt.
Die Sängerin war Frau Schumann-Heink. Ich erkannte ihr Gesicht, nicht ihre Stimme. An einem riesigen Weihnachtsbaum waren Kerzen angezündet, und Tausende von Menschen beobachteten das Konzert. Ich erzählte das alles der Gruppe in meiner Wohnung.
Seit diesem Jahr konnte ich mich an jedem Heiligen Abend auf das Konzert einschwingen. Im Jenseits wird

am selben Tag Weihnachten gefeiert wie auf Erden. Obwohl es für die Bewohner des Jenseits nicht notwendig ist, da sie jeden Augenblick im Geist von Weihnachten leben, ist es ein Zeichen des Respekts gegenüber den Menschen auf der Erde, die diese heiligen Tage gerne feiern. Natürlich wird von niemandem erwartet, daß er einen seiner Religion fremden Gottesdienst besucht. Es gibt Gottesdienste für jede Glaubensgemeinschaft, die jedem offenstehen, der sie besuchen möchte.

Begabten Sängern, die hinübergehen, macht es immer noch Freude, ihre Stimme im Jenseits zu benutzen, und deshalb finden dort ständig Vorstellungen statt. Auch die Musiker setzen ihre Arbeit fort. Komponisten setzen Sänger ein, um neue Werke zu proben oder ein Stück aufzuführen. Im Jenseits gedeihen auch Orchester, die nicht mehr von Stiftungen abhängig sind. Die Musik ist lebendiger und voller. Der Unterschied zwischen irdischer und jenseitiger Musik läßt sich vielleicht anhand des Vergleichs von Mono und Stereo beschreiben.

Mozart

1985 und 1986 wurde ich häufig von Wolfgang Amadeus Mozart besucht. In dieser Zeit hatte ich ein paar sehr begabte Klienten, die bei ihren Projekten seine Musik einsetzten.

Bei einer Sitzung mit einem von ihnen sah ich zu meinem Klavier hinüber, und dort stand, in einem Gewand des 18. Jahrhunderts, Mozart. Zufällig spielten wir gerade einen Ausschnitt aus der *Zauberflöte*. Sehr erfreut sagte er mir immer wieder, dies sei »seine Musik«.

Im Verlauf von zwei Jahren besuchte er mich mindestens zehnmal. Er stand immer an derselben Stelle neben meinem Klavier und erschien nur, wenn er einem kreativen Klienten einen Hinweis geben konnte. Da diese meine hellsichtigen und hellhörenden Fähigkeiten nicht hatten, konnten sie ihn nicht sehen oder hören. Manchmal bemerkten diese Klienten nur, mein musikalisches Wissen sei wirklich erstaunlich. Wenn sie gewußt hätten!

Ich lernte sehr viel über Musik und Geist von Lawrence' Lehrer, Sir William. Er war ein großer Komponist und machte mich mit einigen seiner Werke bekannt. Ich hatte ihn in seinem Landhaus und in seiner Wohnung in der Stadt besucht. Er erzählte mir von den verschiedenen »Musik-Devas« (Deva ist das Sanskritwort für »Engel« oder »Geistwesen«), die die Menschheit mit musikalischen Gedankenformen inspirieren. Sir William sprach auch ausführlich über die Zukunft der Heilung von Körper, Seele und Geist durch Musik. Wenn Töne in der richtigen Weise kombiniert werden, kann dies das Nervensystem direkt beeinflussen und dazu beitragen, den ganzen Körper zu harmonisieren.

Die Richtung, die die Musik in diesem Jahrhundert genommen hatte, bekümmerte ihn. Er meinte, »daß wegen der Schwingung der Drogen in der Aura der Musiker zu viele negative Gedankenformen in die Musik eingedrungen sind. Dies hat eine Disharmonie erzeugt. Um heilende Musik zu schreiben, muß man ein klarer Kanal sein – frei von allen Substanzen, die die schöpferische Kraft verdunkeln. Alkohol und Drogen beeinflussen das spirituelle Wachstum der Menschheit negativ«. Sir William glaubt, daß die

Menschheit das im Lauf der Zeit verstärkt merken wird. »Ich freue mich, daß die Musik einiger unserer großen Freunde, zum Beispiel Mozart, in populären Filmen verwendet wurde«, sagte er mir.
»Dies beeinflußt den Planeten positiv. Es öffnet die Seele der Menschen für diese herrliche Schwingung. Viele hätten diese große Musik nicht gehört, wenn sie ihnen nicht durch das Kino nahegebracht worden wäre«, fügte er hinzu.
Ich fragte ihn, warum ich auf der anderen Seite nie Rock-Musik hörte. Ich habe nur klassische Musik und Opern gehört.
Er erklärte, daß Rock-Musik in Devachan nicht überleben kann, weil ihre Schwingung aus irdischer Materie besteht. Es geht nicht um gut oder schlecht; die Musik löst sich einfach auf, bevor sie die höheren Reiche erreicht.
Jeder, den ich in Devachan gesehen habe, schien mit der Auswahl der Musik vollkommen glücklich. Was Sir William sagte, erschien mir durchaus plausibel. Es war keine Frage des Geschmacks, es war eine Frage der Schwingung.

Sir William

Das einzige, was mich noch glücklicher macht als die Gesellschaft meines lieben Lehrers Lawrence, ist das Zusammensein mit Lawrence und seinem Lehrer, Sir William.
Im Herbst 1992 waren drei Jahre vergangen, seit ich zum letztenmal in der körperlichen Gegenwart von Sir William gewesen war. Ich hatte oft über meine frühe-

ren Begegnungen mit diesem großen Mann nachgedacht, der eine unvergleichlich heilende, tröstliche Herzlichkeit besaß. In seiner Gegenwart hatte ich mich immer sehr ruhig gefühlt. Er sah aus wie Ende Sechzig, aber es war schwer, es genau zu sagen. Seine Augen funkelten wie die eines jungen Menschen, waren aber gleichzeitig unglaublich durchdringend. Lawrence hatte großen Respekt vor Sir William.
Sie können sich vorstellen, wie glücklich ich war, als ich eine Einladung zu einem Besuch in Sir Williams Landhaus erhielt. Ein Auto holte mich zur festgelegten Zeit ab, und ein paar Stunden später kamen wir an dem Haus an. Ich war schon einmal dort gewesen, aber alles schien mir noch schöner, als ich es in Erinnerung hatte. Die Landschaft und die Flora ließen sich nur mit meinen Visionen von der Astralebene vergleichen.
Als ich mir diesen wunderschönen Garten ansah, hörte ich Lawrence' Stimme.
»Denkst du an Schottland?« fragte er.
Ich nickte und war nicht überrascht zu hören, daß er auch dort gewesen war.
Ich erzählte Lawrence, wie ich in Schottland die Seele eines lieben Freundes von mir gesehen hatte, der kurz vor meiner Ankunft in Findhorn hinübergegangen war. Sein Übergang hatte mich sehr bekümmert. Obwohl mir klar ist, daß niemand stirbt, vermisse ich meinen Freund sehr.

*John, Schottland und die
karmische Verbindung*

An einem sehr frischen Nachmittag ging ich allein nach Findhorn. Es war leicht neblig. Obwohl ich einen direkten Weg zur Stadt hatte nehmen wollen, bog ich aus irgendeinem Grund in eine Seitenstraße ein. Müdigkeit überkam mich, und ich setzte mich neben einen Baum. Ein leichtes Frösteln durchfuhr mich. Plötzlich stand mein hinübergegangener Freund John vor mir. Er führte einen kleinen Tanz für mich auf und begann dann zu lachen. John war auf der Erde Schauspieler und Regisseur gewesen; offenbar war sein Hang zum Theater ihm im Jenseits nicht abhanden gekommen.
Er war kurz vor meiner Reise nach einem Autounfall in New York hinübergegangen. Ich fühlte mich zuerst unbehaglich, denn ich dachte, meine Trauer wegen seines Übergangs hätte ihn zu diesem Besuch veranlaßt.
Ja, Johns Übergang war ein Schock, und ich hatte ihn sehr vermißt. Er war für mich ein Lehrer. Wir hatten uns im College kennengelernt und waren beide ungefähr gleichzeitig von Iowa nach New York gezogen. Seine Einsichten in die Schauspielerei hatten mir immer geholfen. Trotzdem hätte ich ihn nicht absichtlich auf die physische Ebene zurückgezogen, um mich zu trösten. Als ich John anstarrte, verwirrte mich, daß er nach Schottland kam.
Er lachte, als er mir von seinem Übergang erzählte.
»Mein Unfall war kein Zufall«, sagte er mit einer Spur von Sarkasmus.
Dann erklärte er mir, wie sein Denken sich verändert hatte, seit er die andere Seite erreicht hatte.

»In einem perfekt geordneten Universum, das von einem universellen Gesetz regiert wird, gibt es keinen Zufall«, meinte er. »Es war für mich einfach Zeit weiterzugehen, und deshalb hatte ich den Unfall. Eigentlich ist es ganz einfach. Die Menschen machen es komplizierter, als es ist.« Er lachte wieder.
Dann sagte er mir, ich solle wegen seines Besuchs keine Schuldgefühle haben. »Ich hatte kaum Schwierigkeiten, mich vom Irdischen zu lösen, als ich im Jenseits ankam. Du hast immer über die Astralebene und das Leben im Jenseits gesprochen. Du hast gedacht, ich würde dich nicht ernst nehmen, aber ich habe es getan. Es war meine Art, über Dinge zu scherzen, die ich nicht verstand. Es muß so ausgesehen haben, als hätte ich mich über deine Überzeugungen lustig gemacht. Es tut mir leid, wenn ich deine Gefühle verletzt habe«, sagte er.
Ich versicherte ihm, daß dies nicht der Fall gewesen war.
Er fuhr mit seiner Geschichte fort.
Nach seiner Ankunft hatte er das Jenseits eine Zeitlang erkundet; die Schönheit und die Geschäftigkeit dieser Welt überwältigten ihn. Er traf seine Großmutter und ein paar andere Freunde, die vor ihm hinübergegangen waren. John hatte in seiner Freizeit gemalt und war ein großer Kunstliebhaber gewesen. Er sprach von den Farben und dem Pulsieren der Kunstwerke und seiner Überraschung angesichts der herrlichen Galerien. Er erzählte ganz aufgeregt, er hätte berühmte Schauspieler und Bühnendichter gesehen, deren Arbeit er sehr bewunderte.
Dann schilderte er seine Begegnung mit einem Indianer, der sich ihm genähert und ihn informiert hatte,

daß sie beide auf der Erde eine gemeinsame Freundin hatten – mich.

»Wir sprachen ein paar Minuten über dich, und dann sagte er mir, daß ich etwas erledigen müßte«, sagte John.

Weiße Feder trug John auf, mich in Schottland zu besuchen. Den genauen Grund hatte er John nicht genannt. Er hatte John nur gesagt, er solle mich besuchen.

Eine meiner deutlichsten Erinnerungen an diese Begegnung mit John war, daß er sehr glücklich aussah. Auf der Erde hatte John oft traurig gewirkt – nicht negativ, aber mutlos. Jetzt hatten alle düsteren Schwingungen sich aufgelöst. Er strahlte vor Glück.

Ich dankte ihm für diese Botschaft. Ich verspürte nicht das Bedürfnis, ihn mit den Details meines irdischen Lebens zu belasten. Als er aus meiner Sicht verschwand, strömten mir die Tränen über die Wangen – Tränen der Ehrfurcht und der Dankbarkeit. John hatte den Seelenfrieden gefunden, den er gesucht hatte. Und ich hatte ein bemerkenswertes Geschenk erhalten.

Lawrence brach den Bann meiner Erinnerung, indem er mich an der Schulter berührte.

»Jetzt wird die Reise nach Schottland plausibel. Die Begegnung mit John war ein enormes Privileg. John hatte das Recht verdient, der Bote zu sein. Es geschah in Schottland, weil du und John in einem früheren Leben in diesem Land schon einmal zusammen wart. Außerdem ist es eine sehr mediale Umgebung«, erklärte Lawrence.

Schon als ich in Schottland ankam, war mir klar, daß ich dort schon einmal gewesen sein mußte. Obwohl es kalt und regnerisch war, fühlte ich mich wohl. Findhorn interessierte mich sehr, aber es war die Landschaft, die mich fesselte. Ich bat Lawrence, mir meine frühere Beziehung zu John zu erklären.

»John war deine Schwester. Ihr beide habt ganz in der Nähe des Ortes gelebt, an dem John dir erschienen ist. Kam er dir nicht irgendwie vertraut vor, als du ihm zum erstenmal in der Schule begegnet bist?« fragte Lawrence.

»John war älter als ich. Als ich mit dem College anfing, war er schon fast fertig. Wir trafen uns zum erstenmal in dem Kostümladen, in dem er die Garderobe für ein Stück zeichnete und jeden mit seinem Sarkasmus einschüchterte. Er schrie mir einen Befehl zu, und ich ließ ihn abblitzen. Er starrte mich an und begann dann zu lachen. Von dem Tag an war er mein bester Freund am College. Ich glaube, er war auch in diesem Leben so etwas wie eine Schwester für mich. Die männliche und die weibliche Energie waren bei ihm gut kombiniert. Wir konnten stundenlang über alles mögliche reden. Er war einer der wenigen Menschen am College, mit dem ich über Metaphysik sprach, und ich fühlte mich in seiner Nähe immer sehr wohl«, antwortete ich.

Glückseligkeit

Nach dieser Lektion nahm Lawrence mich mit zu Sir William. Das Landhaus im Tudorstil war genauso, wie ich es in Erinnerung hatte. Lawrence führte mich in die Bibliothek. Sir William saß in einem Ohrensessel; ihm zu Füßen lag sein Hund.

»Nun, mein Kind, laß dich anschauen«, sagte Sir William herzlich.

»Als du das letztemal hier warst, war ich auf einer Geschäftsreise. Ich habe gehört, daß Lawrence dich mitgebracht hat. Wie gefällt dir unser schönes Haus?« Er nahm meine Hand und bedeutete mir, auf dem Sessel neben ihm Platz zu nehmen.
Ich setzte mich und sagte: »So stelle ich mir Devachan vor.«
Die beiden Herren lachten.
»Nun, du wirst in Devachan so beschäftigt sein, daß du nicht viel Zeit haben wirst, um in einem Haus herumzusitzen«, antwortete Sir William.
»Das ist in Ordnung. Ich bin froh, wenn ich alles tun kann, was in meinen Kräften steht«, versicherte ich ihnen.
Die Tür öffnete sich, und man brachte uns Tee. Lawrence goß ein, und dann saßen wir ein paar Minuten still da. Während wir die Stille genossen, erinnerte ich mich an unser letztes Zusammensein.
»Der Geist wohnt in der Stille«, hatte Sir William an jenem Tag gesagt.
Die Stille dieses Augenblicks besaß eine wunderschöne Schwingung. Es war die Stille, die man in einer Kirche oder in einem Tempel spürt.
Der Wind heulte, und der Hund setzte sich auf.
Lawrence erzählte Sir William von meinem Erlebnis in Schottland.
»Ein wirklich mystisches Land. Ich habe mich dort immer sehr wohl gefühlt. Wenn wir unseren Tee ausgetrunken haben, möchte ich dir mein Gewächshaus zeigen.« Er sah mich an.
»Ich würde es gerne sehen.« Ich lächelte.
Als wir fertig waren, sagte Sir William Lawrence, daß wir ein paar Augenblicke allein sein wollten. Law-

rence schien sehr erfreut und sagte, er würde uns ein wenig später wiedersehen. Sir William und ich gingen nach draußen.
Majestätisch erhoben sich hinter dem Haus die Berge. Im Vorbeigehen wies Sir William auf verschiedene Bäume und Büsche. Da waren wunderschöne pfirsichfarbene Rosen, dieselbe Art, die Lawrence im Park für mich zurückgelassen hatte. Das Gelände war weitläufig und Zentimeter für Zentimeter landschaftlich perfekt gestaltet. Als wir im Gewächshaus ankamen, erklärte Sir William mir die Heilwirkung von einigen der vielen Kräuter, die dort versammelt waren.
»Unsere Gärtner im Jenseits können in die verschiedenen Kräuter und ihre Heilwirkung hineinsehen. Wir Irdischen kennen nur sehr wenige Kräuter. Zu gegebener Zeit, wenn der Mensch aufgeschlossener ist, wird er sehen, daß jede Krankheit durch natürliche Substanzen geheilt werden kann. Im Moment verschreiben die Ärzte weiter Rezepte für ihre verschiedenen Pillen. Die Ägypter wußten sehr viel über die Heilkunst. Leider sind die meisten ihrer Aufzeichnungen beim Brand der Bibliothek von Alexandria verlorengegangen. Die Menschheit hat sich vom Verlust dieses Wissens nie erholt.« Er hielt inne.
»Ist nicht alles in der geistigen Welt vorhanden?« fragte ich.
»Ja, mein Kind, aber die Menschheit muß das verlorene Wissen wiederentdecken, während sie in ihrem physischen Körper ist. Wir können uns nicht in das Karma des einzelnen einmischen. Unsere Freunde im Jenseits haben Zeit, die Eigenschaften der bekannten Heilpflanzen zu untersuchen. Sie müssen sich im phy-

sischen Bereich reinkarnieren, um mehr zu erfahren. Nur wenige Seelen haben eine Ebene erreicht, auf der sie bestimmte Bücher verstehen können. Das Wissen kann gefährlich sein, wenn es in die Hände von Menschen gerät, die nicht darauf vorbereitet sind. Aus diesem Grund ging ein Großteil des Wissens für die Menschheit verloren. Du weißt, daß es im Jenseits viele Reiche gibt. Manche Bibliotheken sind in den höheren Reichen und nur den wenigen zugänglich, die es wert sind, sich diese großen Wissensschätze anzueignen.« Er hörte auf zu reden und sah mich prüfend an. »Setzen wir uns hier einen Augenblick hin.« Er führte mich zu einer Bank.
Wir setzten uns zusammen auf die Bank, die wie eine Kirchenbank aussah. Das Licht strömte durch die wunderschönen Glaswände und die Decke. In der Ecke rechts von der Bank war ein herrliches Buntglasfenster. Einen Augenblick lang hatte ich das Gefühl, nicht mehr in meinem physischen Körper zu sein. Das Licht, das in den Raum kam, wurde viel heller. Die Pflanzen wurden sehr intensiv. Eine starke Energie umhüllte mein gesamtes Wesen, und ich fühlte mich lebendiger, als ich je gewesen war. Dies war die vollkommene Glückseligkeit. Liebe und Mitgefühl für alles Lebendige erfüllten mein Denken. Dann wurde mir bewußt, daß Sir William mich ansah. Er drückte mir die Hand, während er mich liebe- und verständnisvoll anlächelte.

Sir William spricht über den Himmel

»Denk an einen Augenblick, in dem dein Geist vollkommen friedlich war. Das ist der Himmel.
Alle Sorgen sind vergangen. In dieser Umgebung kann die Angst nicht überleben. Überall herrscht Harmonie. Das Böse hat kein Zuhause, denn es kann nur in einer Aura der Disharmonie gedeihen. Die physische Materie existiert auf dieser Ebene nicht, deshalb gibt es keinen Zerfall.
Die Horizonte sind endlos, die Reiche unermeßlich. Du lebst in deinem eigenen vollkommenen Traum. Du kommst in deinem jenseitigen Zuhause so an, wie du dein irdisches verlassen hast. Du behältst deine Persönlichkeit und deine Individualität.
Im physischen Leben können wir an unserem Charakter arbeiten. Der Himmel gestattet uns eine Rast von unseren von der Welt abgenutzten physischen Körpern. Er gibt uns Zeit, um unsere spirituellen Anteile wiederaufzuladen, damit wir unsere Reise zur reinen Harmonie fortsetzen können.
Du wirst mit denen zusammensein, die du auf der Erde geliebt hast. Und du wirst all das erleben, von dem dein Ego angezogen ist. Wenn du spirituell reifer wirst, reift auch deine Ansicht über den himmlischen Frieden. Die jenseitigen Reiche werden reiner, die Farben lebendiger, die Klänge voller.
Das Leben endet nicht. Es geht weiter und wird lebendiger.«
Er hörte auf zu sprechen. Die Stille wurde durch leise Orgelmusik unterbrochen. Wir blieben noch ein paar

Minuten sitzen, dann erhob Sir William sich, nahm meinen Arm und führte mich zum Haus.

Lawrence wartete in der Bibliothek auf uns; mir war klar, daß er von meiner mystischen Erfahrung wußte. Durch die wenigen Minuten, die ich neben Sir William gesessen hatte, fühlte ich mich völlig eins mit allem Leben.

»Erinnere dich an dieses Gefühl, mein Kind. Bewahre es in deinem Herzen, dann hilft es dir durch den Alltag«, sagte Lawrence sehr bewegt. »Du hast die vollkommene Glückseligkeit erlebt. Es ist dasselbe Gefühl, das die Seele erleben wird, wenn sie die andere Seite erreicht. Es ist selten, dieses Gefühl zu haben, während man noch im physischen Körper ist.« Er hielt inne und sah zu Sir William hinüber.

Dieser saß wieder vor dem Feuer und meditierte.

Schließlich sprach er: »Es ist schade, daß die Menschen in ständiger Angst leben. Die Erkenntnis, daß das Leben weitergeht, wenn das physische endet, ist das beste Mittel gegen die Angst.«

Lawrence ging mit mir zum Auto. Er drückte meine Hand und sagte mir, daß wir uns bald wiedersehen würden. Wir brauchten nicht viele Worte zu wechseln. Die Fahrt zurück in die Stadt schien nur Minuten zu dauern. Ich kam sehr zentriert zu Hause an. Das starke Gefühl, daß alles Lebendige heilig ist, umhüllte mich. Wir können den Himmel auf Erden finden. Er ist direkt vor uns. Er lebt in unserem Herzen. Wir brauchen nur einander zu lieben. Es ist wirklich ganz einfach.

IV. Die Hölle

Fast jeder, der heute auf der Erde lebt, wird nach dem Übergang in eins der beschriebenen himmlischen Reiche gehen. Es gibt jedoch auch einen anderen Ort – wo nur die verdorbensten, reuelosesten, bösesten Menschen hinkommen, wenn sie sterben. Wir nennen diesen Ort Hölle.

Die Hölle ist das Land ohne Formen. Sie ist absolut finster, und nichts kann wachsen. Gute Gefühle sind nicht vorhanden. Freundlichkeit, Freundschaft und Liebe gibt es nicht, nur die Marter durch die eigenen Fehler. Manche Seelen kommen irgendwann einmal aus ihr heraus, andere nie. Die Hölle ist die schlimmste Strafe, die man sich vorstellen kann.

Aber nur die schlimmsten Taten, die *nicht bereut werden,* führen die Seele in diesen Bereich. Ein Mensch muß unvorstellbar schlecht sein, damit er sich hier aufhält. Die normalen menschlichen Schwächen reichen nie aus, um jemanden zum Anwärter auf die Hölle zu machen.

Jede Seele, die hier ankommt, hat sich selbst zu diesem Reich verdammt. Wir bekommen viele Gelegenheiten zur Wiedergutmachung. Aber manche Seelen weigern sich einfach zu bereuen, und deshalb bleiben sie auf Ewigkeit in der Hölle und inkarnieren sich nicht wieder.

Die Bewohner sind formlos – völlige Verzerrungen ihres früheren Selbst. Die Worte, die diesen Ort beschreiben – Abgrund, Hades, Heimstatt Satans, Ort der Verdammten –, werden ihm nicht gerecht.

Was ich beschreibe, ist nicht angenehm; ich möchte

Ihnen keine Angst machen, aber ich möchte Sie über die Existenz dieses Bereichs im Jenseits informieren. Ich kenne niemanden, der in diesem Bereich wohnt, und ich habe auch keine Mitteilungen von Seelen erhalten, die dort weilen. Deshalb erzähle ich Ihnen, wie ich an meine Informationen gekommen bin.

Die Reise zur Hölle

Mit großer Beklommenheit bat ich Lawrence, mir die dunklen Reiche im Jenseits zu zeigen. Ich hatte die dunkle Seite nie sehen wollen. Ich wußte, daß sie existierte. Das war mir genug. Aber ich hielt es für notwendig, beide Seiten der Astralebene zu kennen, um die Komplexität des Lebens nach dem Tod besser zu verstehen.

Eines Abends kam Lawrence in meine Wohnung. Es war ungewöhnlich, aber nicht überraschend, daß er anrief und fragte, ob er kommen könnte; Augenblicke später traf er dann immer ein. Mit seinen hellen Hosen, seinem blauen Blazer und seinem weißen Hemd hätte er ein ganz normaler Passant sein können. Ich wunderte mich immer wieder, wie normal Lawrence aussah. Wenn man eine Zeitlang mit ihm zusammen war, wurde einem klar, daß er etwas Besonderes war. Trotzdem brachte er es fertig, sich überall einzufügen. Er fiel nicht durch seine Kleidung auf. Aber das Gefühl, das ich in seiner Gegenwart hatte, bewies mir seine Seelengröße.

Während ich eine Kanne Tee zubereitete, erzählte ich ihm, was so alles passiert war. Er war immer an

jedem einzelnen Aspekt meiner Welt interessiert. Er stellte mir Fragen zu meinen Freunden und meiner Arbeit. Ich goß ihm eine Tasse Tee ein, und wir setzten uns und unterhielten uns weiter.
Lawrence überbrachte mir Grüße von Sir William, und wir sprachen über eine weitere Reise zum Landhaus; ich wollte so bald wie möglich dorthin zurückkehren. Nach kurzer Zeit wurde die eher oberflächliche Unterhaltung ernster.
»Ich habe mir Sorgen gemacht, denn deine Arbeit scheint dich zu belasten«, sagte er.
»Mit mir ist alles in Ordnung, Lawrence, ich bin nur ein bißchen aufgeregt wegen eines Vorfalls, der sich gestern ereignet hat. Ein Klient machte mir angst. Er verhielt sich ziemlich gestört. Ich spürte, daß ein negativer Einfluß um ihn herum war, der seine Persönlichkeit zu beherrschen schien. Es kommt selten vor, daß ich während einer Beratung Angst habe. Ein Freund hatte ihn geschickt, deshalb hatte ich keine Bedenken, ihn zu empfangen.«
»Wie bist du mit der Situation fertig geworden?« fragte er.
»Ich habe sehr starke Gedanken in deine Richtung geschickt. Es scheint funktioniert zu haben.« Wir lachten.
»Ganz egal, was ich diesem Mann sagte, er ließ nichts gelten. Wegen seiner Negativität war es unmöglich, ihm zu helfen. Nachdem ich zehn Minuten mit ihm gekämpft hatte, setzte ich die Schockbehandlung ein.« Ich seufzte und fuhr dann fort.
»Ich schlug auf die Armlehne des Sessels und sagte dem Einfluß, er solle aus meinem Haus verschwinden. Der Einfluß war kindisch und boshaft, nicht dämo-

nisch. Es war ein kleiner Geist, der sich an seinen Astralkörper geheftet hatte. Dieser Geist verhielt sich wie ein aufsässiges Kind und stritt ohne Grund. Mein Verhalten verblüffte meinen Klienten, und der Elementargeist verließ ihn. Der Mann wurde ruhiger und begann zu weinen. Er wußte nicht, daß er wegen seines übermäßigen Alkoholkonsums Astralwesen anzog, die in der Luft herumschweben. Er hatte getrunken, bevor er kam, und deshalb verhielt er sich anders als normal. Als ich ihn anschaute, sah ich einen guten Menschen, der Qualen ausstand. Ihm war klar, daß er ein schweres Alkoholproblem hatte, aber er fühlte sich außerstande, mit dem Trinken aufzuhören. Er hatte schreckliche Angst, in die Hölle zu kommen, wenn er mit dem Trinken nicht aufhörte.
Ich erklärte ihm, daß jeder im Leben etwas überwinden muß. Dieser Kampf kann einem wie die Hölle vorkommen, denn es ist oft schwer, ihn zu gewinnen.«
»Er lebt in der Hölle seiner Sucht. Zeit und Verständnis sind notwendig, um sie zu überwinden. Es kann mehr als ein Leben dauern, bis ein bestimmtes Problem überwunden ist. Dieser arme Mann verwechselt höllisch mit Hölle«, kommentierte Lawrence.
»Lawrence, ich habe viele Bilder von Devachan gesehen, dem Himmel. Die Reiche dort sind wunderschön. Ich weiß, daß die dunklen Reiche, die als Hölle bekannt sind, existieren, auch wenn ich sie nicht gesehen habe. Ich habe nicht das Verlangen, die Hölle zu sehen, aber ich muß die Tatsachen kennen. Ich glaube, daß ich beide Seiten des Lebens nach dem Tod sehen sollte. Weiße Feder hat meine Hellsichtigkeit nie auf die unteren Ebenen ausgerichtet. Könntest du mir helfen, sie zu sehen?« Ich wartete auf eine Antwort.

Er dachte eine ganze Weile nach, bevor er antwortete.
»Es ist verständlich, daß du mit den niederen Reichen der Negativität nichts zu tun hattest. Erstens ist niemand, den du kennst, dorthin gekommen. Es ist *sehr* selten, daß eine Seele in diese Reiche geht. Manche Menschen gehen zu weniger glückseligen Reichen als andere. Nur die völlig Verdorbenen gehen in diese niederen Reiche.« Er machte eine Pause.
Nach kurzem Nachdenken meinte er, ich müßte wohl eine kleine Reise machen. Ich solle keine Angst haben, ich würde beschützt.
Er zeigte auf eine Ecke des Raums und wies mich an, meine gesamte Energie auf diesen Winkel zu konzentrieren. Ich konzentrierte mich sehr stark. Während ich in die Ecke starrte, kroch der Geruch nach Rauch in den Raum. Lawrence ermahnte mich, mit meiner Konzentration nicht nachzulassen. Er sagte mir, der Geruch sei nicht physischer Art, sondern Teil der Schwingung aus dem Reich der Finsternis.
Die »Leinwand« kam in mein Gesichtsfeld, und ich sah das dunkle, formlose Bild, das ich eingangs beschrieben habe. Es war schrecklich. Das Fehlen jeglicher Freundlichkeit oder Liebe war erschütternd. Lawrence ermahnte mich noch einmal, keine Angst zu zeigen. Ich muß zugeben, daß ich schreckliche Angst gehabt hätte, wenn Lawrence nicht bei mir gewesen wäre. Der Schleier zwischen den Welten ist sehr dünn, und ich hatte nicht den Wunsch, dem Bereich des Bösen näherzukommen.
Die Vision dauerte nur eine Minute, lange genug, daß ich sah, wie schrecklich es dort ist. Das Bild verschwand, und ein kalter Schauder ging durch den Raum. Ich hatte das Gefühl, mich übergeben zu müs-

sen. Mein ganzer Körper war schwach. Der Geruch nach Rauch hing in der Luft.
Es dauerte ein paar Minuten, bis ich meine Fassung wiederhatte. Lawrence stand auf und goß mir ein wenig Tee ein. Seine Stärke und seine heitere Gelassenheit gaben mir Kraft.
»Du hast das Schlimmste gesehen, mein Kind. Deine sensible Natur braucht Zeit, um sich davon zu erholen.« Er schien besorgt.
»Mach dir bitte keine Sorgen, Lawrence. Ich habe dich gebeten, mir zu helfen. Man muß den Mut haben, die Realität zu akzeptieren, egal, wie schrecklich sie ist.«
Der Ort, der als Hölle bekannt ist, existierte also. Ich hatte ihn gesehen. Die Seelen dort waren in großer Qual. Die Dunkelheit war fast undurchdringlich.
»Mein Kind, jede Seele bekommt viele Gelegenheiten, aus diesem Bereich herauszukommen. Sie ist durch ihr eigenes Verhalten dorthin gekommen. Niemand wird verurteilt, es sei denn durch sich selbst. Das Gesetz der Vergeltung (ein anderes Wort für Karma) ist in dieser Hinsicht eindeutig. Niemand geht an einen Ort, von dem er nicht durch seine eigenen Handlungen angezogen wird.«
Lawrence blieb noch eine Stunde. Er erklärte mir die Hölle ausführlich. Die schlimmsten Verbrecher bewohnen diesen dunklen Bereich, die Seelenlosen. Sogar der winzigste Schimmer der Reue befreit eine Seele von dieser Verdammnis, die sie sich selbst zugefügt hat.
Er verließ mich an diesem Abend mit dem Versprechen, mich bald wieder zu besuchen. Dankbar, in meinem geliebten Bett sein zu dürfen, schlief ich ein. Ich ließ die Bilder von den untersten Reichen los. Ich wuß-

te, daß sie existierten, und mußte das ernst nehmen. Aber es war wichtig, nicht bei der Hölle zu verweilen, denn sie betraf nur sehr wenige Seelen. Es ist sehr viel besser, seine Energie auf das zu konzentrieren, was vielen Menschen hilft.
Ich möchte noch einmal wiederholen, daß fast niemand nach dem Übergang in die Hölle geht. Die meisten von uns werden im Jenseits dadurch belohnt, daß sie in die glückseligen Reiche im Himmel gehen. Auf der Erde müssen wir Aufgaben bewältigen und Ängste überwinden; so werden wir weiser.
Die Hölle ist ein ganz realer Ort, an dem die wirklich bösen Seelen für ihre Sünden leiden. Aber im allgemeinen ist die andere Seite kein Ort des Leidens.
Leider schaffen die meisten von uns sich ihre Hölle auf der Erde – im physischen Bereich –, indem sie sich von vergangenen Fehlern quälen lassen. Dies ist völlig unnötig, aber sehr häufig.

Don

Die größte Angst mancher Menschen ist, in die Hölle zu kommen. Auch Don hatte diese Angst, als er im Sterben lag. Seinen Freunden und seiner Familie gelang es nicht, ihn zu trösten. Sein Bruder bat mich, ihn zu besuchen, denn er wußte, daß ich Erfahrung darin hatte, Menschen beim Übergang zu helfen. Seine Mutter saß an seinem Bett; die Tränen rannen ihr über die Wangen. Sie sah mich an, als ich eintrat, und ihre Augen flehten mich an zu helfen. Die Aura im Zimmer war schwer und dunkel. Als erstes öffnete ich das Fenster und ließ Licht und Luft herein.
»Nicht aufmachen«, fuhr Don mich an.
Ich ging zu ihm und sagte mit fester Stimme: »Don,

hören Sie auf damit. Ihre Mutter braucht ein bißchen frische Luft.«
Dies verblüffte ihn so, daß er still war. Ich gab seiner Mutter zu verstehen, sie möge uns allein lassen. Ich atmete tief ein und fragte ihn, warum er dachte, er würde in die Hölle gehen. Ein paar Minuten lang redete er ohne Punkt und Komma. Er überzeugte sich selbst, daß er zur Hölle bestimmt sei, weil er seit ein paar Jahren nicht mehr in die Kirche gegangen war.
Don war ein netter Mensch, der mit Würde und Mitgefühl gelebt hatte. Jeder, der ihn kannte, liebte ihn. Es war tragisch, ihn so reden zu hören. Der Krebs hatte seinen Körper heimgesucht und war leider erst spät entdeckt worden. Bei Don, der seinen Körper nicht vernachlässigt hatte, war diese Situation karmisch. Für ihn war es einfach an der Zeit weiterzugehen. Nichts an seinem Leben war irgendwie böse.
An welche Art Gott glaubte Don? Welche Lehre behauptete, gute Menschen würden in die Hölle kommen, wenn sie nicht in die Kirche gingen?
Wir unterhielten uns lange, und ich teilte ihm meine Erfahrungen mit der anderen Seite mit. Er hörte sehr interessiert zu, aber ich hatte trotzdem das Gefühl, als würde das, was ich sagte, nicht an ihn herankommen. Ich hielt einen Augenblick inne und sagte im stillen ein Gebet; ich bat um Hilfe. Wenn ich sehr besorgt bin, bitte ich oft die Göttliche Kraft um Anleitung. Manche nennen die Göttliche Kraft Gott oder Herr. Ich spreche von dem höheren Bewußtsein, das als die Göttliche Kraft in jedem von uns lebt. Ich wußte nicht genau, wie ich Don am besten helfen konnte.
Es war ungefähr fünf Uhr nachmittags, als Don eine

besondere Botschaft erhielt. Ich hatte auf meine Uhr geschaut, als die Krankenschwester hereinkam, um ihm ein Medikament zu geben. Sie ging hinaus; mir war kalt, und ich war irgendwie weggetreten. Ich sah zum Fenster, und das klare Bild eines Mannes in einem Fischerboot kam vor mein geistiges Blickfeld. Das Fenster wurde für mich zum Bildschirm. Der Mann war ziemlich dünn; er trug ein buntkariertes Flanellhemd und Jeans. Er schwenkte eine rote Kappe. Dann hörte ich ihn sagen: »Sag Don, daß Pop sagt, es ist Essenszeit.«

Ich gab Don die Botschaft. Er schien erstaunt und bat mich, den Mann zu beschreiben, den ich vor meinem geistigen Auge sah. Er war besonders an der Kappe interessiert. Als ich den Mann beschrieb, begann die Vision langsam zu verblassen.

Don blieb ein paar Augenblicke still. Dann erklärte er ganz ruhig, wer der Mann war. Er hatte seinen Großvater, der vor zehn Jahren hinübergegangen war, Pop genannt. Don hatte es geliebt, mit seinem »Pop« fischen zu gehen. Er hatte Pop die rote Kappe einmal zum Geburtstag geschenkt, und Pop trug sie immer, wenn sie fischen gingen. Jedesmal wenn sie zusammen waren, nahm Pop um fünf Uhr seine Kappe ab und sagte zu Don: »Beeil dich jetzt, es ist Zeit zum Abendessen. Wir dürfen nicht zu spät kommen, sonst bekommen wir Ärger mit deiner Großmutter.«

Ich wartete ein paar Minuten und fragte dann: »Don, meinst du, daß dein Großvater ein guter Mann war?«
»Der beste!« antwortete er.
»Ist er jede Woche in die Kirche gegangen?« fragte ich.
»Nein, das nicht.«
»Das ist interessant. Er sah auf jeden Fall glücklich

aus, Don. Er wollte, daß du weißt, wie gut es ihm geht
– und daß es dir auch gutgehen wird.«
Don lächelte zum erstenmal, seit ich gekommen war.
Dann lachte er laut heraus. Als seine Mutter ins Zimmer kam, kicherte er immer noch. Sie sah mich verwirrt an.
»Was ist denn hier los?«
Ich bat sie, Don zu fragen, denn ich mußte gehen. Als ich das Zimmer verließ, war ich sehr dankbar für die Hilfe aus dem Jenseits, die ich erhalten hatte.
Ich war sicher, daß Dons Ängste nicht zurückkommen würden. Pop würde an der Grenze auf ihn warten und ihm versichern, daß er an einem himmlischen Ort ankam.
Dons Angst ist völlig normal. Ich bin vielen Menschen begegnet, die meinen, daß ihre sog. menschlichen Schwächen sie verdammen. Diese Phantasie ist die Folge einer Fehlinformation bzw. einer Indoktrinierung.
Ich kenne Dutzende von Menschen, die regelmäßig in die Kirche gehen – »nur für den Fall«, daß sie verdammt würden, wenn sie nicht gingen. Viele von ihnen glauben nicht an die entsprechenden Lehren und finden schon gar keinen Frieden in der Kirche.
Nicht jeder, der Angst vor der Hölle hat, erhält eine tröstliche Botschaft von der anderen Seite. Don hatte das Recht verdient, von seinem geliebten Großvater zu hören. Manche Menschen befreien sich von ihrer Angst, indem sie über die Erfahrungen von Menschen wie Don lesen. Andere finden sofort nach dem Übergang heraus, daß ihre Ängste unbegründet waren.
Die Hölle auf Erden kann auch darin bestehen, mit der

Angst vor der Verdammnis zu leben. Wenn wir diese Angst ablegen, können wir glücklicher und produktiver leben.

Die Frau an der Autobahn

Im August 1984 reiste ich von Albuquerque nach Santa Fe. Es war dunkel, und es waren nur ein paar Autos auf der Straße. Mein Freund Tim, der meine mediale Begabung kennt, saß am Steuer. Die Autobahn macht viele Kurven und windet sich, wenn man auf Santa Fe zufährt, aufwärts. Wir unterhielten uns; es war eine schöne, ruhige Reise. Als wir gerade wieder eine Kurve genommen hatten, sah ich im Licht der Scheinwerfer am Straßenrand eine Frau, die die Autobahn entlangkroch.
»Halt an. Da ist eine Frau, die Hilfe braucht«, sagte ich zu Tim.
»Ich habe niemanden gesehen«, antwortete er.
»Sie ist im Jenseits«, sagte ich.
Er fuhr schnell an den Rand und gab mir eine Taschenlampe. Ich stieg aus und ging zurück.
Es war nicht schwer, die Frau zu finden. Es dauerte einen Augenblick, bis ich in der Lage war, mit ihr zu kommunizieren. Sie erzählte mir, es hätte einen Autounfall gegeben und sie könne ihr Kind nicht finden. Sie war hysterisch. Sie wußte nicht, daß sie tot war. Ich bin sicher, daß der Unfall ein Schock gewesen war und sie keine Zeit gehabt hatte, ihren Tod zu realisieren.
Ich wußte nicht, ob das Baby im Diesseits oder im Jenseits war. Ich wußte nur, daß ich sie dazu bringen mußte, die physische Ebene loszulassen.

Wenn ihr niemand half, konnte sie auf unbestimmte Zeit in diesem Zustand zwischen den Welten bleiben. Tim kam zu mir und beobachtete mich. Er kannte mich seit vielen Jahren und hatte gesehen, wie ich arbeitete. Nichts wunderte ihn, und er wollte mir helfen.
Ich sprach mindestens eine Stunde mit ihr. Ich bat die Geistführer, ihr bei ihrem Übergang zu helfen. (Ich hatte wenig Erfahrung mit solchen Situationen und brauchte alle Hilfe, die ich bekommen konnte.) Es war nicht klar, wie lange sie in diesem Zustand gewesen war. Sie war ganz klassisch in Rock und Bluse gekleidet. Aus ihrem Äußeren ergab sich nicht, wann der Unfall passiert war. Ich wiederholte immer wieder, daß es ihrem Baby gutging und sie hinübergehen müßte, um das Kind wiederzusehen. (Das war richtig, egal, ob das Kind auf der Erde oder im Jenseits war.) Ich kroch mit ihr auf dem Boden herum und versuchte, ihr Vertrauen zu gewinnen. Ich glaube, die Helfer von der anderen Seite gaben ihr ein, mir aufmerksam zuzuhören. Fast dachte ich, daß ich sie nicht überzeugen konnte, auf die andere Seite zu gehen, als sie plötzlich verschwand. Ich wußte, daß der Übergang stattgefunden hatte.
Ich war erleichtert. Es ist schrecklich, zwischen zwei Welten festzusitzen. Meist wird dieser Zustand durch einen Schock verursacht, und diese Frau war nicht die einzige Seele, der es so ging. Die Schlachtfelder wimmeln von marschierenden Soldaten, die nicht wissen, daß sie erschossen worden sind. Sie marschieren weiter, bis jemand sie davon überzeugt, daß sie ins Jenseits gehören.
Diese armen Seelen hatten keine Zeit, sich auf den

Tod vorzubereiten. Der Verstand hat den Tod nicht bemerkt, und deshalb ist der Astralkörper weiterhin an die Erde gebunden. Es gibt spezielle Geisthelfer, die mit diesen armen Seelen reden. Oft dauert es viele Jahre, bis jemand überzeugt ist, daß er die Erde verlassen muß. Die Helfer geben nie auf, und irgendwann vollzieht die Seele den Übergang.

Häuser, in denen es spukt, sind von Seelen bewohnt, die nicht auf die andere Seite gehen können oder wollen, weil sie einen Schocktod erlitten haben, zu sehr an der physischen Ebene hängen oder – im schlimmsten Fall – sich rächen wollen. Nicht alle spukenden Geister sind böse. Viele sind einfach verwirrt. Es hängt davon ab, aus welchem Grund die Seele erdgebunden ist.

Zum Glück konnte ich der Frau an der Autobahn helfen; ihr Karma führte ein Medium auf diese spezielle Straße. Ich bin oft in diesen Teil der USA zurückgekehrt, und jedesmal, wenn ich auf dieser Autobahn bin, halte ich nach ihr Ausschau, um sicher zu sein, daß sie gegangen ist.

Wer zwischen zwei Welten gefangen ist, befindet sich nicht in der Hölle. Es handelt sich lediglich um einen Bewußtseinszustand, der von den Seelen angezogen wird, denen der Übergang von der Erde zum Jenseits schwerfällt. Die beste Erklärung für die Hölle ist das Gesetz der Vergeltung. Es herrscht absolute Gerechtigkeit. Wir ziehen das an, was wir verdient haben. Dies gilt für die Reiche im Jenseits genauso wie für die irdische Ebene.

Ein guter Mensch wohnt neben einem bösen, damit der böse gut wird. Wir müssen unsere Handlungen ins Gleichgewicht bringen, solange wir in unserem physischen Körper sind. Jede böse Tat wird bestraft. Und jede gute Tat wird belohnt. Jeder hat die Wahl.

Die Angst und das Böse überwinden

Angst infolge von Erziehungsfehlern

Manche kleine Kinder sind so erzogen worden, daß sie sich unter ihrer Bettdecke verstecken und vor Angst zittern, weil sie fürchten, daß ihre Notlüge sie in die Abgründe Satans bringt. Dies ist ein tragischer Erziehungsfehler. Kindern muß beigebracht werden, was »richtig« und was »falsch« ist, aber die Angst ist kein guter Lehrer.
Die Voraussetzungen, die jemanden für die Hölle prädestinieren, haben sich im Lauf der Geschichte und mit dem sozialen Wandel verändert. Freitags Fleisch essen, ohne Hut in die Kirche gehen oder sich (aus welchem Grund auch immer) scheiden lassen – all dies galt in früheren Zeiten schon als sichere Fahrkarte zur Hölle.
Ein Klient von mir dachte beispielsweise, es wäre eine Sünde, am Sabbat mit dem Flugzeug zu fliegen. Es stellte sich heraus, daß ihm dies von seiner Mutter eingeredet worden war. Ich wollte seiner Mutter oder seinem Glauben gegenüber nicht respektlos sein und sagte ihm, im allgemeinen wäre es falsch, irgend etwas zu tun, was einem Glauben widersprach. Wir müssen schließlich mit uns selbst im reinen sein.

Er tat mir aber dennoch leid. Er war unsicher und wußte wirklich nicht, was er glauben sollte. Seit der Kindheit war ihm gesagt worden, daß eine bestimmte Verhaltensweise eine Sünde war, und deshalb quälte er sich jetzt herum. Er reagierte damit auf seine indoktrinäre Erziehung. Er mußte seine eigenen Überzeugungen herausfinden; durch das Infragestellen von Verhaltensregeln, die ihm unvernünftig erschienen, sollte die Entwicklung seiner Seele geprüft werden. Nicht die Angst sollte ihn weiter motivieren, denn Angst kann zu Depressionen führen oder Wut erzeugen.

Die Religionsausübung beruht auf einer individuellen Entscheidung. Wir müssen nicht einer bestimmten Religionsgemeinschaft angehören, um erleuchtet zu werden. Die göttliche Kraft lebt in jedem von uns, und sie verdammt uns nicht dafür, wenn wir am Sabbat ein Flugzeug nehmen oder ohne Hut in die Kirche gehen.

Die Seele inkarniert sich aus karmischen Gründen in einer bestimmten Religionsgemeinschaft; es soll ihr helfen, ihr Schicksal zu erfüllen. Wir haben aber kein Recht, anderen unseren Glauben aufzuzwingen. Wir brauchen keine formelle religiöse Erziehung, um erlöst zu werden. Das große Ziel, gut und nützlich zu leben und anderen zu dienen, kann innerhalb oder außerhalb einer religiösen Institution erreicht werden.

Im Jenseits gibt es so etwas wie religiöse Vorurteile oder Verfolgungen nicht. Solche Irrwege sind auf die physische Welt begrenzt. Der beste Gottesdienst ist, alles Lebendige zu respektieren und rechtschaffen zu leben. Auf diese Weise preisen wir den Gott, der in jedem von uns lebt.

Durch unser eigenes Verhalten verdammen wir uns zu schwierigen Situationen. Ein Leben voller Angst ist eine Form der Hölle, die wir uns selbst auf der irdischen Ebene schaffen. Liebe und Verständnis befreien uns von der Sklaverei dieses beklemmenden Gemütszustands.

Ohne die Angst vor ewiger Verdammnis und ähnlichen irrationalen Bedrohungen können wir unsere wirklichen Überzeugungen entdecken, anstatt blind einer Lehre anzuhängen, die wir nicht einmal ganz verstehen. Wir können herausfinden, daß wir grundsätzlich gut sind, was unser Leben reicher und erfüllender macht.

Das Böse

Es gibt böse Menschen. Das ist zu bedauern, aber wahr. Allerdings gibt es Stufen des Bösen; dabei sind diejenigen bösen Taten am abscheulichsten, die nicht bereut werden.

Viele meinen, wenn jemand etwas Böses tut, wäre er krank. In der Vorgeschichte des seelischen Leidens eines Menschen, der Böses tut, kommt auch im allgemeinen ein Trauma oder ein Mißbrauch in der Kindheit vor. Dies ist sehr beklagenswert, es rechtfertigt das böse Verhalten jedoch nicht; und eine böse Tat, die gegen einen anderen verübt wird – egal, mit welcher Vorgeschichte –, kommt in diesem Leben oder im nächsten auf den Übeltäter zurück. Die beste Strategie, um das Böse zu überwinden, besteht vielmehr darin, nach den Geboten der Liebe zu leben.

Der Fluch der Sucht

Das Bedürfnis nach sinnlichem Genuß kann böse Folgen haben. Wenn man beim Übergang an einer starken Sucht leidet, kann man die Empfindung der Substanz nur bekommen, wenn man einen noch lebenden Menschen in Besitz nimmt. Die Seele, der ein physischer Körper fehlt, um ihre Süchte zu befriedigen, muß sich eines anderen Körpers bemächtigen. Sie muß in der Aura eines Menschen sein, der die von ihr gewünschte Substanz im Übermaß zu sich nimmt, um ebenfalls an ihr teilzuhaben. Eine Besessenheit ist allerdings nur möglich, wenn das »Opfer« dafür offen ist, weil es diese Substanzen im Übermaß konsumiert.

Besessenheit eines Betrunkenen

Eines Abends war ich mit ein paar Freunden in einem Nightclub; ein Mann, der in unserer Nähe saß, trank ziemlich viel. Ich schaute zu ihm hinüber und sah einen bösen Einfluß über ihm schweben, einen Schatten (ein gespenstähnliches Wesen) in der Nähe seines Kopfes. Der Mann bestellte immer weitere Drinks; er trank sehr schnell, und schließlich wurde er rüpelhaft.
Ich rief die höheren Wesen um spirituellen Schutz an, indem ich still ein Gebet sprach. Der dunkle Geist war sehr nah. Als ich dem Mann gerade sagen wollte, daß er besser mit dem Trinken aufhören sollte, sah ich, wie der »Geist« in ihn eindrang. Es war zu spät und zu gefährlich, um einzugreifen. Ich konnte nur noch

jemanden finden, der den Mann nach Hause brachte. Ich sagte meinen Freunden, wir sollten gehen. Sie sahen, daß ich aufgeregt war, also machten sie sich fertig. Ich sagte dem Barkeeper, der Mann habe reichlich getrunken und brauche Hilfe, um nach Hause zu kommen. Er kannte den Gast und sorgte dafür, daß ein Auto ihn sofort abholte. Wir gingen. Ich hatte keine Lust, mit der negativen Schwingung zu kämpfen, die von diesem Menschen Besitz ergriffen hatte. Erstens kannte er mich nicht, deshalb war es zweifelhaft, daß er tun würde, was ich ihm sagte. Zweitens würde der Einfluß, der in ihn eingedrungen war, mein Eingreifen nicht dulden. Jeder Versuch, vernünftig mit ihm zu reden, wäre derzeit vergeblich. Wenn er nüchtern war, wäre es vielleicht möglich, mit ihm zu reden. Es tröstete mich zu wissen, daß er nach Hause gebracht worden war. Der »Einfluß« würde ihn verlassen, sobald er aufhören würde zu trinken.

Wir dürfen nicht annehmen, daß dieser Besessene böse war. Er war unglücklich. Sein übermäßiger Alkoholkonsum öffnete ihn für das Bedürfnis dieses Geistes, »durch ihn« zu trinken. Der Geist hielt sich in diesem Lokal auf und wartete auf jemanden, der zuviel trank. Ich bin sicher, daß der Geist früher, als er noch auf der Erde war, ein Stammgast an diesem Ort gewesen war und deshalb hierher zurückkam. Seine einzige Chance, die Empfindung des Alkoholgenusses zu haben, war, sich an den Astralkörper eines Menschen zu heften, der zuviel trank.

Der Vorfall in dem Lokal war ärgerlich, aber nicht ungewöhnlich. Es war ein netter Club, er hatte nichts Abstoßendes. Der Geist war *so* süchtig, daß er sich nicht von der physischen Ebene lösen und in Frieden ruhen konnte. Da er zu Lebzeiten seine Sucht nicht überwinden konnte, hatte er ein schauerliches Bedürfnis nach dieser Substanz: Seine tragische Sucht erzeugte ein so starkes Verlangen, daß noch nicht einmal der Tod diese Verbindung zerstören konnte. Nur die Zeit und die Hilfe von Beratern im Jenseits kann das Bedürfnis auflösen, auf der Erde zu verweilen. Die Seele muß sich mit der Sucht wieder inkarnieren; so hat sie eine weitere Chance, die Sucht im physischen Bereich zu überwinden.

Diese Form des Besessenseins kommt nur in den extremsten Fällen eines Suchtverhaltens vor. Nicht jeder, der die Erde mit einer Sucht verläßt, bleibt erdgebunden. Viele werden bei der Ankunft im Jenseits feststellen, daß sie ihr starkes Verlangen zusammen mit ihrer körperlichen Hülle zurückgelassen haben.

Jede Sucht ist eine Aufgabe, an deren Überwindung wir arbeiten müssen, solange wir im physischen Bereich sind; wenn wir es nicht tun, werden wir so lange mit dem Problem wiedergeboren, bis es gelöst ist. Eine Sucht erzeugt schlechtes Karma; oft wird unsere mangelnde Selbstbeherrschung andere Menschen verletzen. Sobald die Sucht überwunden ist, entsteht neues, gutes Karma.

Lawrence erklärte es mir so: »Es schützt, wenn man gut ist. Böse Einflüsse können dir nicht nahe kommen, wenn du nicht für sie offen bist. Alles, was deinen spirituellen Schutz beseitigt, kann dich für negative Einflüsse öffnen. Alkohol- und Drogenmißbrauch, wütende, eifersüchtige Gedanken und exzessive Begierden sind Beispiele für Dinge, die das Risiko bergen, für negative Einflüsse offen zu sein. Und du bist nicht vor

negativen Einflüssen sicher, nur weil du sie nicht kennst.«
Diese Warnung soll uns nicht überängstlich machen – nur bewußt. Wir müssen die Kontrolle behalten, damit wir nicht kontrolliert werden.
Eine Sucht ist nicht zwangsläufig böse und verdammt eine Seele nicht zur Hölle. Sie macht den Übergang ins Jenseits allerdings schwieriger, weil die Seele zu sehr an der physischen Welt hängt – in der es die Substanzen, nach denen sie süchtig ist, gibt.
Ähnlich verdammt es uns auch nicht zur Hölle, wenn wir besessen sind, weil wir die Kontrolle über unsere Begierden verloren – bzw. uns für böse Kräfte geöffnet – haben. Es macht das Leben nur schrecklich unangenehm.
Wenn wir ausgesprochen negative Impulse – und damit meine ich nicht ein Glas Bier am Abend, ein gesundes Sexualleben oder auch eine gelegentliche Zigarette – unter Kontrolle halten und ausgewogen leben, wird unsere Zeit im Diesseits und im Jenseits lohnender.
Der Schleier zwischen Erde und Jenseits ist, um es noch einmal zu sagen, sehr dünn. Geister, die nicht in der Lage sind, die Bindung an die physische Welt zu lösen, weilen mitten unter uns. Obwohl die meisten Menschen sie nicht sehen, sind sie ganz in der Nähe. Spirituelle Kraft schützt vor diesen unangenehmen Einflüssen.
Die Kraft des Bösen kann gegen die Macht des Guten nicht bestehen.
»Wahre Liebe vertreibt die Angst.«

Die Flucht ins Magische

Die dilettantische Beschäftigung mit medialen Kräften birgt Gefahren. Es gibt Geheimnisse, die den Unausgebildeten in den Wahnsinn treiben können.
Mediale »Spiele« wie Oui-ja-Boards, automatisches Schreiben, Tarotkarten oder Mantrasingen können, wenn man sich zu sehr in diese Dinge hineinsteigert oder unsachgemäß damit umgeht, ein Leben zerstören. Das Herumspielen mit diesen unsichtbaren Kräften kann geisteskrank machen. Mit diesen Spielzeugen können unentwickelte oder dämonische Geister beschworen werden. Sie halten sich in der Nähe der Erde auf und können sich an die Aura des »Hobbyspiritualisten« hängen.
Die Kommunikation zwischen Erde und Jenseits ist real. Kluge Menschen akzeptieren dies, lassen sich aber nicht davon beherrschen. Die Sucht nach metaphysischen Praktiken zeigt die Unfähigkeit, mit dem Leben auf der Erde zurechtzukommen, und ist eine gefährliche Form der Wirklichkeitsflucht.
Daß wir die Gefahr nicht kennen, schützt uns nicht vor ihr.

Dawn

Dawn war ein hübsches blondes Mädchen von 23 Jahren. Sie hatte eine wunderschöne Singstimme und träumte von einer Karriere in der Musikbranche. Da sie von Natur aus wißbegierig war, interessierte sie sich für viele Dinge, unter anderem das Legen von Tarotkarten. Sie kaufte ein Buch und beschäftigte sich jeden Tag ein bißchen mit diesem Interesse, bis es allmählich zu einer Sucht wurde.

Dawn hatte keine Erfahrung mit medialen Phänomenen; für sie war ihr Interesse am Tarot ein Spaß. Sie hatte keine Ahnung von den potentiellen Gefahren.

Ich lernte sie kennen, als sie gerade anfing, sich für Tarot zu begeistern. Ich warnte sie: »Wer mit dem Übersinnlichen spielt, spielt mit dem Feuer, wenn er nicht in allen Aspekten des Phänomens ausgebildet ist.« Aber sie verstand meine Warnung nicht.

»Es ist nur zum Spaß. Meine Freunde und ich trinken ein Glas Wein, und dann lege ich die Karten. Sie sagen mir, ich würde es wirklich gut machen.«

»Dawn, erzählen Sie mir nicht, daß Sie Wein trinken und Karten legen! Wollen Sie verrückt werden? Das ist gefährlich. Es gibt feinstoffliche Kräfte, die Sie nicht sehen können und die darauf warten, von jemandem, der so naiv ist wie Sie, Besitz zu ergreifen. Die oberste Regel der medialen Arbeit lautet, *Alkohol und mediale Begabung nie zu vermischen.* Der Alkohol zieht die Geister an.«

Ich war erschüttert. Ihr mangelndes Wissen machte mir angst. Sie war ein guter Mensch, aber ich sah Gefahren voraus. Etwas, was sie als harmloses Hobby empfand, konnte leicht zur Tragödie werden. Die Sitzung war zu Ende, und sie versprach, über meine Warnungen nachzudenken.

Ich bin sicher, daß sie dachte, ich würde zu heftig reagieren. Die Zeit würde sie eines anderen belehren.

Sechs Monate später kam ein Freund von ihr, Ray, zu einer Sitzung. Ich fragte ihn nach Dawn.

»Haben Sie nichts gehört?« fragte er.

»Was gehört?«

»Sie ist verrückt geworden. Sie fing an, mit unterschiedlichen Stimmen zu reden. Es war unheimlich. Ich hatte eine ganz normale Unterhaltung mit ihr, und mittendrin wurde sie zu einem anderen Menschen. Ich wußte nicht, was ich tun sollte; ihre anderen Freunde auch nicht. Wir riefen ihre Eltern an, und sie nahmen sie zu sich. Sie ist bei einem Psychiater in Behandlung und bekommt Medikamente. Armes Mädchen! Als ich sie kennenlernte, schien sie völlig normal. Sie kam an einen Punkt, an dem sie nur noch mit diesen Karten spielte und Wein trank. Ich weiß es nicht genau, aber ich glaube, daß diese Karten etwas damit zu tun hatten. Ihr verrücktes Verhalten begann, nachdem sie mit ihnen angefangen hatte«, sagte Ray.

Dawn tat mir sehr leid, aber ich war erleichtert, daß sie zu Hause war und psychologische Hilfe erhielt. Ihre Geschichte zeigt die Gefahren, die das unsachgemäße Experimentieren mit der geheimnisvollen Welt des Übersinnlichen in sich birgt. Viele andere Beispiele ließen sich zitieren. Über allen könnte als Überschrift stehen: *Spiel nicht mit Kräften, in deren Umgang du nicht ausgebildet bist!*

Gleichgewicht

Das Leben auf der Erde ist die Schule, in der wir unsere Taten ins Gleichgewicht bringen können. Unser jetziges Leben stellt eine Mischung aus diesem und vergangenen Leben dar. Jede Situation, vor die wir gestellt werden, haben wir selbst herbeigeführt.

Himmel oder Hölle werden verdient; sie sind nicht vorherbestimmt. Wir entscheiden uns für Gutes oder Böses. Wenn wir anderen dienen, brauchen wir keine Angst vor Bestrafung zu haben.
Aber noch einmal: Nur die Seelen, die wirklich Böses tun, ohne es irgendwie zu bereuen, gehen in die untersten Reiche im Jenseits.
Wir anderen ziehen erneut irdische Leben an, in denen Freude und Leid miteinander wechseln. Wir werden Glück und Kummer erleben. Und mit der Zeit, wenn wir uns anstrengen, stellt sich ein Gleichgewicht ein.
All dies ist Teil des großen Mysteriums, das Leben genannt wird.

V. Selbstmord

Ein Selbstmord ist für das Opfer und die Überlebenden tragisch. Oft wird er in einem Augenblick unerträglichen Kummers oder völliger Hoffnungslosigkeit begangen. Manchen erscheint er als einziger Ausweg aus ihren Qualen. Die geliebten Menschen, die zurückbleiben, leiden unter Trauer und Schuldgefühlen – und einem Schock wegen der unnatürlichen Unterbrechung des Lebens.

Die Zeitungen sind voll von Geschichten über Menschen aus allen sozialen Schichten, die den Selbstmord wählen, weil sie meinen, er würde ihre Qual beenden. In den USA gibt es sogar einen Bestseller, der Selbstmordmethoden beschreibt.

Traurigerweise ist dieses Phänomen nicht auf Erwachsene beschränkt: Auch alarmierend viele Teenager nehmen sich das Leben. Es ist, als wäre der Selbstmord als akzeptable Alternative zur Bewältigung der Herausforderungen des Lebens »salonfähig« geworden.

Aber ein Selbstmord ist *nicht* akzeptabel: Er ist eine Tat, die im Zorn gegen die Seele verübt wird. Wer sich das physische Leben nimmt, lebt nicht mehr, aber er stirbt auch nicht; statt dessen hält die Seele sich bis zu dem Zeitpunkt, an dem sie normalerweise (ohne die Tötung von eigener Hand) hinübergegangen wäre, zwischen Erde und Jenseits auf. Dieser Zustand – weder richtig tot noch richtig lebendig sein – ist schrecklich.

Letztendlich können Sie keiner Schwierigkeit entgehen, wenn Sie Ihr Leben beenden. Sie können sich nicht selbst töten, *weil niemand stirbt*. Wir ändern lediglich die Form. In einem zukünftigen Leben inkarnieren die Menschen sich mit denselben Problemen, die sie zum Selbstmord getrieben haben. Es ist klüger, sich im jetzigen Leben durch die Schwierigkeiten durchzukämpfen, anstatt gezwungen zu sein, sie in einem zukünftigen Leben zu wiederholen.

Der Körper ist ein heiliges, uns anvertrautes Gut. Kein Mensch darf sein Leben vorzeitig beenden. Ein Selbstmord ist zwar tragisch, aber auch feige. Niemand möchte unter körperlichen oder seelischen Schmerzen, Depressionen, Verzweiflung und einer unheilbaren Krankheit leiden oder einen finanziellen Ruin ertragen müssen. Viele Menschen meinen, sie hätten in solchen oder ähnlichen Fällen das Recht, ihr Leben zu beenden. Ich kann aber nicht genug betonen, daß sie keinem Problem entgehen, wenn sie ihrem Leben selbst ein Ende setzen. Die Herausforderung wird lediglich auf ein späteres Leben verschoben.

Stella

Eine schwerkranke Frau, die ich kenne, wurde von körperlichen Schmerzen gepeinigt. Sie konnte nicht mehr rational denken und nahm eine tödliche Dosis Schmerzmittel. Da sie kurze Zeit später von ihrer Tochter entdeckt wurde, gelang es, sie wiederzubeleben; später beschrieb sie mir den Ort, an dem sie während ihrer Bewußtlosigkeit gewesen war.

»Es war sehr düster, fast völlig finster. Die Erkenntnis, daß ich mir etwas Schreckliches angetan hatte, war quälend, und ich wollte in meinen Körper zurückkehren. Es fühlte sich an, als wäre ich in der Vorhölle, weder hier noch dort. Ich hörte meine Tochter weinen, aber ich konnte nicht zu ihr zurückkommen. Es schien unmöglich, vorwärts oder rückwärts zu gehen. Ich betete und flehte Gott an, mich zu meinem Körper zurückgehen zu lassen. Ich sagte Gott, daß ich nicht wußte, was ich tat, als ich die Tabletten genommen hatte. Stellen Sie sich vor, Sie wären in einem leeren, fast schwarzen Raum, weder tot noch lebendig, wüßten aber doch, daß Sie Menschen weh getan haben. Ich konnte sie klagen hören.«

Stella, die Klientin, die mir diese Geschichte erzählte, hat immer noch körperliche Schmerzen, aber in spiritueller Hinsicht ist sie ihre quälenden Gedanken losgeworden. Die Erleichterung, noch einmal die Chance zum Leben zu haben, gibt ihr etwas Strahlendes.

Stella ist eine bemerkenswerte, überaus rechtschaffene Frau, und ihre verzweifelte Tat war verständlich. Wir können nicht beurteilen, wieviel Macht der Schmerz besitzt. Die meisten Menschen hatten irgendwann schon einmal heftige Schmerzen. Wir können uns aber nur schwer vorstellen, so wie Stella ständig mit unerträglichen Schmerzen zu leben. Jeder vernünftige Mensch würde diese Art des Leidens beenden wollen. Pferde und Haustiere erlösen wir von ihren Schmerzen. Warum sollten die Menschen leiden müssen?

Stellas Geschichte zeigt beispielhaft die negativen Folgen eines Selbstmords. Die Leere, die durch den Suizid entsteht, schmerzt mehr als körperliche Schmerzen, und das spirituelle Leiden geht weiter.

Körperliche Schmerzen prüfen uns auf vielerlei Weise. Sie geben uns die Gelegenheit, unser Höheres Selbst zu erreichen und unseren Blick zum Geistigen zu erheben, und sie befreien uns von Karma aus vergangenen Leben. (Tiere können nicht denken und erzeugen kein Karma. Deshalb lassen wir sie nicht leiden.)

Wer Selbstmord begeht, kommt nicht in die Hölle. Wie bereits mehrfach gesagt wurde, ist dieser Bereich ausschließlich dem wirklich Bösen vorbehalten. Ein Mensch, der Selbstmord begeht, ist selten böse: Er ist verzweifelt, verwirrt oder feige. Böse Menschen bereuen ihre Taten nicht, während die, die sich selbst umbringen, ihre Tat im allgemeinen sofort danach sehr bedauern.

Wenn jemand Selbstmord begeht, ist die Seele immer noch mit der physischen Welt verbunden, kann sie aber nicht sehen. Die Seele weiß, daß sie sich oder anderen weh getan hat. Sie befindet sich in einem »vorhöllischen« Zustand, der wie ein schrecklicher Traum ist. Wenn man einen natürlichen Tod mit einem friedlichen Schlaf vergleicht, ist ein Selbstmord ein unruhiger, qualvoller Schlaf.

Die Hoffnungslosigkeit hat viele Gesichter. Sie läßt Menschen verzweifelt oder irrational handeln. Aber ein Leben voll guter Taten wird durch eine aus Verzweiflung begangene Tat nicht unwirksam gemacht. Für einen Selbstmord wird man nicht verdammt, aber man leidet sehr. Man erkennt, daß der Tod nicht existiert und man ein universelles Gesetz gebrochen hat, aber auch, daß man ein Karma geschaffen hat, das »bezahlt« werden muß. Stellas Erfahrung zeigt das Elend, das durch einen Selbstmord entsteht.

Es gibt wunderschöne Berichte über Nah-Todeserfahrungen. Aber daß jemand bei einer von eigener Hand herbeigeführten Nah-Todeserfahrung Freude erlebt, habe ich noch nicht gelesen oder gehört. Jeder, der einen Selbstmordversuch überlebt hat, wird Ihnen sagen, daß der Ort, an den er gegangen ist, sehr unangenehm war.

Wenn die Zeit für eine erneute Inkarnation gekommen ist, wird der Selbstmörder in dieselbe Situation hineingeboren, die ihn dazu gebracht hat, sein vorheriges Leben zu beenden. Er wird diese Herausforderung überwinden müssen, ohne die Erfahrungen im physischen Bereich zu beenden. Der Selbstmord verzögert die physischen Probleme nur und löst neue, spirituelle Probleme aus.

Wann ist es akzeptabel, sein Leben zu beenden?

Wenn jemand sein Leben opfert, um eine höhere Wahrheit zu schützen, ist dies eine mutige und selbstlose Tat, die von Gott geschützt ist.
Wird beispielsweise ein Widerstandskämpfer gefangengenommen, der ein Geheimnis mit sich trägt, dessen Kenntnis Hunderte von Leben vernichten könnte, ist es so gut wie sicher, daß seine Häscher ihn foltern werden, damit er die Information herausgibt. Zieht er den Tod dem Verrat vor, schützt er sein höheres Ideal. Durch diese mutige Haltung wird die Freiheit geschützt, und viele Leben werden gerettet. Diese Tat wird nicht bestraft, sondern verehrt. Ihre Beweggründe sind ideeller Art.
Nur in Fällen eines *selbstlosen* Verhaltens, das durch die höchsten Ideale motiviert wird, ist das Opfer des eigenen Lebens akzeptabel. Selbstmord ist nicht akzeptabel, wenn man dadurch den Problemen des Lebens entgehen will.

Joan

Joan nahm »zufällig«, wie sie sagte, eine Überdosis Medikamente. Ich besuchte sie im Krankenhaus. Sie sah erschreckt und traurig aus, als wir über ihre Nah-Todeserfahrung sprachen.

»Ich kann mich nicht an alles erinnern. Ich erinnere mich nur an das verzweifelte Gefühl, in meinen Körper zurückkommen zu wollen. Ich war an einem dunklen, kalten, einsamen Ort.«

Joan gab zu, daß sie depressiv und wütend war, bevor sie eine zu hohe Dosis Beruhigungsmittel nahm, schwor aber, sie hätte nicht absichtlich zuviel genommen.

Joans Freund hatte sich von ihr getrennt, und an ihrem Arbeitsplatz war sie nicht glücklich. Sie hatte immer gedacht, sie würde ihren Freund irgendwann einmal heiraten, und kam über seine Entscheidung, die Beziehung zu beenden, nicht hinweg. Verzweiflung schlich sich ein. Sie hatte schon immer ihre Beruhigungspillen genommen, und diesmal nahm sie zuviel. Sie meinte, ihre Überdosis sei ein Unfall gewesen. Aber wer weiß, was in ihrem Unterbewußtsein vor sich ging? Sie erhielt eine zweite Chance, und sie war dankbar.

»In den letzten Monaten hatte ich oft das Gefühl, als würde ich sterben. Jetzt bin ich dankbar dafür, lebendig zu sein.«

Als ich Joan das letztemal sah, strahlte sie vor Glück. Sie hatte einen neuen Arbeitsplatz und einen neuen Freund. Zwei Abende in der Woche arbeitete sie unentgeltlich in einem Jugendzentrum. Ihre Nah-Todeserfahrung war der Beginn eines neuen Lebens.

Rosa

Als Rosa zu einem Gespräch zu mir kam, war sie völlig entmutigt. Sie war spindeldürr und konnte nicht aufhören zu weinen. Ich gab ihr ein Taschentuch und hörte zu. Sie war nicht an Voraussagen interessiert, sie wollte nur Trost.
»Ich will mich nur noch umbringen«, wiederholte sie immer wieder.
Ich war beunruhigt, denn ich war mir sicher, daß sie es ernst meinte.
Rosa sprach eine Stunde lang. Ihr Mann traf sich mit einer anderen Frau, wollte sich aber nicht scheiden lassen. Sie war nicht wütend auf ihn, sondern lebte für seine Anrufe und seine Besuche.
»Ich bin nichts. Er sagt mir, ich wäre dumm und nutzlos«, meinte sie.
Ich sagte ihr sofort, daß sie eine Therapie brauchte. Ihr Zustand erforderte einen Psychiater, kein Medium.
Rosas Mutter kam aus Spanien, um bei ihr zu wohnen. Rosa mußte nicht allein sein. Als sie meine Wohnung verlassen hatte, rief ich eine gute Freundin von ihr an und erzählte ihr von meiner tiefen Besorgnis. Die Freundin versprach, ein Auge auf Rosa zu haben und notfalls einen Arzt zu rufen.
Zwei Monate später kam Rosa noch einmal zu mir; sie sah sehr viel besser aus. Sie hatte einen neuen Freund und empfand nicht mehr das Bedürfnis, ihr Leben zu beenden. Ich war erleichtert, daß die Krise vorüber war, aber aufgrund ihrer Denkweise war ich traurig und besorgt. Rosa müßte einen tieferen Sinn in ihrem Leben finden, sonst würde sie wahrscheinlich irgendwann wieder in die Verzweiflung zurückgleiten. Jeder Kummer konnte sie aus dem Gleichgewicht bringen.

Wir alle möchten geliebt und geachtet werden. Der Schmerz über eine zerbrochene Liebesbeziehung kann uns zu dem Gefühl verleiten, das Leben wäre nicht lebenswert. Aber wir sollten daran denken, daß jeden Morgen die Sonne wieder aufgeht und ein wunderschöner Tag möglich ist.

Rosa hatte wirklich gelitten. Ich konnte nur hoffen, daß sie den Frieden in sich finden und ihn nicht davon abhängig machen würde, daß ihre jeweiligen Freunde sie akzeptierten. Wenn ihr dies gelänge, würde sie nicht mehr an Selbstmord denken. Sie hatte die Wahl.

Tony

Tony hat sich vor ein paar Jahren das Leben genommen. Ich denke oft mit Liebe und Trauer an ihn. Seit seinem Selbstmord habe ich ihn zweimal gesehen. Seine Schuldgefühle und sein Kummer über seine Tat brechen mir das Herz.

Tony war ein sehr begabter und sensibler junger Mann, der alles im Leben zu haben schien. Niemand konnte seine Tragödie der Tatsache zuschreiben, daß er keine Hilfe erhalten habe. Er ging viermal wöchentlich zur Therapie und hatte viele hilfsbereite Freunde, die ihn liebten. Aber als das Leben für ihn zu schwierig wurde, beendete er es. Er wollte sterben.

Ein Selbstmord ist selten unkompliziert. Die Gründe für eine solche Tat gehen oft auf ein Kindheitstrauma oder sogar ungelöste Erfahrungen aus früheren Leben zurück. Ich kann keine psychologische Studie vorlegen, denn ich bin keine Expertin in diesem Bereich. Ich möchte Ihnen von meinen persönlichen Erfahrungen berichten, um zu vermitteln, daß ein Selbstmord die Probleme nicht löst.

Tony war weder alkohol- noch drogensüchtig, er achtete auf seine Ernährung und trieb regelmäßig Sport. Er verdiente seinen Lebensunterhalt als Schauspieler und war daher sehr empfindlich in bezug auf sein Äußeres.

Tony machte sich über alles unendlich viele Gedanken. Er verbrachte zwei Stunden in einem Geschäft und versuchte, sich zwischen einem blauen und einem schwarzen Jackett zu entscheiden. Dann fragte er sich weitere zwei Stunden lang, ob er die richtige Entscheidung getroffen hatte. Zu sagen, er sei unsicher, wäre eine glatte Untertreibung.

Ursache seiner Unsicherheit war das Bedürfnis, von anderen bestätigt zu werden; er war nicht von innen heraus stolz auf sich. Zu den Tragödien seines Lebens gehörte, daß er nicht wußte, was für ein besonderer Mensch er war. Auch wenn er noch soviel Unterstützung erhielt, es bestärkte ihn nicht. Er konnte nicht glücklich sein.

Nachdem er dreißig Jahre lang die Dämonen im Inneren bekämpft hatte, nahm er sich das Leben. Wer ihn kannte, war schockiert und wütend. Es war meine erste Erfahrung mit einem mir nahestehenden Menschen, der Selbstmord beging. Ich war überwältigt von Schmerz. Ich fragte mich, ob ich mehr für ihn hätte tun können.

Später erhielt ich die Antwort.

Zwei Jahre nach seinem Übergang gab Tony mir durch ein Medium in London eine Botschaft. Ich war in Ferien und besuchte Freunde. Einer von ihnen erzählte mir von einem sehr guten Medium, das direkt vor den Toren von London wohnte. Aus Neugierde machte ich einen Termin aus. Es ist immer interessant zu sehen, wie die Kollegen arbeiten.

Dieses britische Medium sagte mir, jemand, der sehr traurig sei, wolle mir eine Botschaft aus dem Jenseits geben.
»Sein Name fängt mit T. an. Es tut ihm leid, daß er Ihnen Kummer gemacht hat. Er weiß jetzt, was er getan hat, war falsch. Er dankt Ihnen für alles, was Sie getan haben, um ihm zu helfen.«
Beim Zuhören stiegen mir die Tränen in die Augen.
Das Medium sagte dann, Tony sei nicht klargewesen, wie viele Menschen ihn liebten. Und daß es schrecklich für ihn gewesen sei, den Schmerz zu sehen, den er seinen Freunden und seiner Familie zugefügt hatte. Er hatte nicht gewußt, daß er irgend jemandem wichtig gewesen war.
Da, wo er sich jetzt befinde, sei es kalt, düster und einsam. Er wünschte, er könne zurückgehen und noch einmal von vorn anfangen. Er habe das Gefühl, festgefahren zu sein.
Traurigkeit überkam mich, aber das Wissen um die Reinkarnation tröstete mich. Tony würde die Chance erhalten, noch einmal zu leben. Er war nicht in einer hoffnungslosen Lage, nur in einer tragischen.
Das Medium fuhr fort. »Er weint und wiederholt immer wieder, wie leid es ihm tut. Er hat mit ein paar Geisthelfern gesprochen, und dies hält ihn über Wasser, bis er ins Jenseits gehen kann. Er weiß, wie sehr Sie versucht haben, ihn vor dem zu warnen, was geschehen würde, wenn er sich das Leben nähme, aber zu der Zeit war er zu sehr mit sich selbst beschäftigt, um auf Sie zu hören.«
Die Sitzung war zu Ende. Ich ging durch die Straßen von London und dachte über Tonys Leben und seinen gegenwärtigen Seinszustand nach. Tony hatte immer

gewünscht, daß andere für ihn Entscheidungen trafen. Er weigerte sich, die Verantwortung für sein Leben und seine Taten zu übernehmen. Er war kein schlechter Mensch, nur zu ichbezogen. Jetzt mußte er so lange zwischen zwei Welten leben, bis die Zeit für seinen eigentlichen Übergang gekommen war.
Ich schickte liebevolle Gedanken in seine Richtung und hoffte, daß ihn die ein wenig trösteten. Zu gegebener Zeit würde es ihm gutgehen.
Die zweite Botschaft von Tony kam ungefähr ein Jahr später, als ich an dem Gebäude in New York vorbeiging, in dem er gewohnt hatte. Wenn ich in dem Stadtviertel war, dachte ich immer an ihn. An diesem speziellen Sommernachmittag ging ich an dem Gebäude vorbei und sah überrascht seinen Geist auf dem Bürgersteig stehen. Er sah mich nicht, was nicht weiter tragisch war, denn sonst hätte er sich wieder entschuldigt. Ich war nicht wütend auf Tony, er tat mir nur leid. Obwohl sein Tod den Menschen, die ihn liebten, sehr weh tat, hatte er sie auch einiges gelehrt – unter anderem, daß wir uns für seine Entscheidung keine Vorwürfe zu machen brauchten. Er hatte sehr viel Hilfe angeboten bekommen und sich entschieden, sie nicht anzunehmen. Eines Tages würde er den Frieden finden, der ihm in seinem letzten Erdenleben nicht zuteil geworden war.

Zu Lebzeiten können wir lernen

Nora ist vor sechs Monaten an Krebs gestorben. Obwohl sie in ihrem letzten Lebensjahr große Schmerzen hatte, interessierte sie sich weiter für alles und jedes. Ihre Fähigkeit, weiterhin leidenschaftlich neugierig auf das Leben zu sein, obwohl sie bald sterben würde, war ein Beispiel für alle, die sie kannten. Ihr Zimmer war immer von Besuchern überfüllt.

Einmal fragte eine Freundin sie, wie sie es machte, nicht depressiv zu sein. »Der Schmerz und die Krankheit gefallen mir nicht, aber alles, was möglich ist, wird für mich getan. Ich denke, daß jeder Aspekt des Lebens ein Wunder ist, und ich möchte nicht einen Augenblick dadurch verschwenden, daß ich depressiv bin.«

Nora hatte in ihrem Leben dazu beigetragen, daß die Welt »ein bißchen besser« wurde. Bis zum letzten Augenblick gab sie anderen und lernte von ihnen. Krankheit und Schmerz hielten sie nicht davon ab, das Wunder des Lebens wahrzunehmen. Nora war eine große Dame, die anderen durch ihr Leben und ihren Tod diente. Ihr Krebs gab ihr Gelegenheit, sich von negativem physischem Karma zu befreien.

Es gibt viele Theorien über die Ursachen von Krebs. Die Ernährung und die Einstellung zum Leben scheinen in dieser Hinsicht wichtige Faktoren zu sein. Aber manchmal ist er auch karmisch bedingt. In Noras Fall bin ich sicher, daß er aus einem früheren Leben mitgebracht wurde. Sie lebte ausgeglichen und gesund. Aber die Menschen müssen an etwas sterben, und dies war Noras Weg, auf die andere Seite zu gehen. Ich bin sicher, daß sie im nächsten Leben mit guter Gesundheit gesegnet sein wird. Sie hat es verdient!

Selbstzerstörerisches Verhalten

Was ist eigentlich alles Selbstmord? Ist ein Tod, der durch ein exzessives Verhalten, das beherrscht hätte werden können, eine Form des Selbstmords? Gibt es Selbstmorde, die nicht so aussehen?

Harry
Harry wurde immer wieder gesagt, er solle keinen Alkohol trinken, weil seine Leber Schäden aufwies. Sein Arzt bat ihn, mit dem Trinken aufzuhören, und kündigte an, daß er sterben würde, wenn er es nicht täte. Harrys Frau hatte alles in ihrer Macht Stehende versucht, um ihren Mann vom Alkohol wegzubringen. Aber keine Warnung bewegte ihn. Er trank weiter. Schließlich starb er im Alter von 47 Jahren.

Viele seiner Freunde nannten seinen Tod einen Selbstmord. War er einer? Harry wollte sich nicht umbringen. Aber durch die Warnungen seines Arztes hatte er die Gelegenheit erhalten, seine Gewohnheiten zu ändern und sein Leben zu verlängern. Er würde heute noch leben, wenn er aufgehört hätte zu trinken.

Ich wußte nicht genau, wie ich Situationen wie diese einschätzen sollte. Fälle wie die von Harry sind kein Selbstmord im herkömmlichen Sinne, aber ein selbstzerstörerisches Verhalten kann zu einem vorzeitigen Tod führen. Viele ähnliche Todesfälle hätten durch ein Änderung des Lebensstils verhindert werden können.

Ich brauchte Lawrence' Hilfe, um mir über dieses Thema Klarheit zu verschaffen. Ich schickte starke Gedanken in seine Richtung; ich wußte, daß er reagieren würde, wenn er könnte. Er erschien immer, wenn er gebraucht wurde.

Lake Placid

Zur gleichen Zeit, als ich das Bedürfnis verspürte, Lawrence zu sehen, wurde ich eines Morgens mit dem Wunsch wach, nach Lake Placid im nördlichen Bundesstaat New York zu fahren.
Der Drang war so stark, daß ich ein Auto mietete und hinfuhr. Der See liegt sechs Autostunden von der Stadt entfernt. Es war eine schöne Fahrt; die Blätter waren golden, und die Luft war frisch. Ich steuerte das Mirror Lake Inn an, ein zauberhaftes Hotel, von dem ich in einer Zeitschrift gelesen hatte. Ich hatte Glück; ein Zimmer mit einem wunderschönen Blick über den See war frei. Gegenüber erhoben sich die Adirondack Mountains.
Ich hatte eine Erholungspause von dem hektischen Leben in New York gebraucht, und dieser Ort war dafür ideal. Ich packte meine Sachen aus und wanderte ein bißchen in der Stadt herum, um die Geschäfte anzusehen; dann aß ich eine Kleinigkeit zu Mittag und kehrte in mein Hotel zurück.
Es hatte eine wunderschöne Bibliothek mit Buntglasfenstern und einem offenen Kamin. Ich setzte mich ans Feuer und starrte in die Flammen, bis eine Stimme meine Konzentration unterbrach.
»Ich bin froh, daß du in dieses schöne Hotel kommen konntest. Der Service ist sehr gut, und die saubere Luft wird dir guttun.«

Es war Lawrence.
»Ich hätte es wissen müssen, ich habe deine Gedanken aufgegriffen, die mich veranlaßten hierherzukommen«, lachte ich.
Wir tranken Tee und genossen das wunderschöne Kaminfeuer. Wir sprachen über Bücher und Musik. Ich erzählte ihm von meiner Arbeit und meinem Leben im allgemeinen. Es war selten, daß Lawrence über sich selbst oder seine Aktivitäten sprach.
Dieser Tag war eine Ausnahme.

Ein Blick in Lawrence' Leben

Seit wir uns das letztemal gesehen hatten, war er in Europa gewesen. Er interessierte sich sehr für die neuesten medizinischen Entdeckungen. Ein guter Freund von ihm, ein Arzt in Frankreich, hatte neue Schmerzmittel und ihre Wirkung auf den Körper untersucht. Als Lawrence sprach, wurde deutlich, daß er einen fundierten medizinischen Hintergrund besaß. Ich wußte sehr wenig von seiner Vergangenheit; ich hielt es nicht für angebracht, ihm persönliche Fragen zu stellen. Heute hörte ich gespannt zu.
Ich wußte, daß er in England in einer glücklichen Familie groß geworden war. Seine Mutter war medial begabt, und sein Vater war Arzt; er gab Lawrence die Liebe zur Philosophie und den Wissensdurst ein. Sie brachten Lawrence dazu, sich mit der Weisheit der alten Völker zu beschäftigen. Das war alles, was er mir vor diesem Tag über sich selbst erzählt hatte.
Heute sagte Lawrence mir, daß er ebenfalls Arzt sei.

Er hatte mit seinem Freund in Frankreich Medizin studiert, aber nie praktiziert. Nachdem er die Ausbildung abgeschlossen hatte, wollte er andere Dinge lernen. Er hielt es für notwendig, auch körperlich zu arbeiten, und verbrachte so ein Jahr auf einem Bauernhof in Frankreich. Danach ging er nach Indien und studierte zehn Jahre bei verschiedenen Lehrern. Er sagte, dies sei ein bemerkenswerter Lebensabschnitt gewesen.
Er wurde still und starrte ins Feuer, dann sah er mich an und lachte. Er wußte, daß mir tausend Fragen durch den Kopf gingen.
»Das reicht im Moment zu meinem Leben. Ein andermal erzähle ich dir mehr.«
Lawrence sagte, er hätte noch ein paar Briefe zu schreiben und würde mich um acht Uhr in der Eingangshalle wiedertreffen. Ich blieb noch etwas vor dem Feuer sitzen und dachte über ihn nach.
Er war elegant und geheimnisvoll, aber in keiner Weise bedrohlich. Es war mir klar, daß er eine hochqualifizierende Ausbildung absolviert hatte, deshalb überraschte es mich nicht, zu hören, er habe Medizin studiert. Für mich war er ein Seelenarzt. Schon allein seine Anwesenheit war heilsam. Er konnte mit Autorität über jedes Thema sprechen. Ich versuchte, ihn mir bei der Arbeit auf dem Bauernhof vorzustellen. Sicher war er für alle anderen Arbeiter ein Vorbild. Er fand das Bewundernswerte in allem, in der Philosophie genauso wie in einem Weizenfeld. Alles, was er tat, war ihm gleich lieb. Es gab nichts, was ihm nicht heilig war. Ich hatte großen Respekt vor ihm, aber er schüchterte mich nicht ein. Seine Seelengröße inspirierte mich. Es war ein Segen, in seiner Gesellschaft zu sein, und eine Ehre, seine Schülerin zu sein.

Alles, was Lawrence tat, hatte einen Sinn. Er hatte sich aus einem bestimmten Grund in Lake Placid mit mir getroffen, und er sprach über sich, um mich etwas zu lehren. Was, würde zu gegebener Zeit klarwerden. Im Augenblick genoß ich die friedliche, schöne Bibliothek und das offene Feuer.
Als ich in mein Zimmer zurückkehrte, um mich zum Abendessen umzuziehen, fand ich einen wunderschönen Strauß pfirsichfarbener Rosen auf dem Schreibtisch neben meinem Laptop vor. Auf der dazugehörigen Karte stand: »Das ganze Leben kann so schön wie eine Rose sein.« Die Absenderangabe fehlte.

Abendessen um acht

Wir trafen uns in der Eingangshalle, und Lawrence sagte, er würde ein kleines Restaurant in Saranac Lake kennen, das ungefähr zwölf Kilometer entfernt lag. Wir gingen nach draußen, um ins Auto zu steigen. Es war ein wunderschöner Vollmondabend; die Luft war frisch und klar.
Die Fahrt dauerte ungefähr zehn Minuten. Wir hielten vor einem Restaurant, das »Red Fox« hieß und mich an einen Ort erinnerte, an dem ich als Kind in Iowa gewesen war. Eine freundliche Frau führte uns zu einem Tisch in der Ecke. Der Raum war ziemlich verraucht, denn es gab keinen Nichtraucherbereich. Es war ein Steakhaus. Ich wußte, daß Lawrence Vegetarier war, und deshalb schien seine Entscheidung etwas sonderbar; aber ich vertraute darauf, daß er seine Gründe für die Wahl dieses Restaurants hatte.
Die Kellnerin sagte, ihr Name sei Arlene, und fragte,

ob wir einen Aperitif nehmen wollten. Wir bestellten ein Soda und sagten, daß wir mit der Bestellung des Abendessens noch etwas warten wollten. Dann fragte Lawrence mich, wie es mit dem Buch vorwärtsging.
»Ziemlich gut, aber ich wüßte gern, wie du über eine bestimmte Sache denkst. Ein Klient von mir ist durch Alkoholmißbrauch gestorben. Sein Arzt hatte ihn gewarnt und ihm sogar ein Röntgenbild von seiner beschädigten Leber gezeigt, aber Harry hat gar nicht versucht, mit dem Trinken aufzuhören. Er hat einfach weitergetrunken, obwohl er genau wußte, daß ihn das umbringen würde. Ist das eine Form des Selbstmords?«
Lawrence dachte einen Augenblick nach und sprach dann.
»Man müßte seine Gründe untersuchen. Trank er mit der Absicht, sich das Leben zu nehmen, oder konnte er einfach nicht aufhören?«
»Er sagte nicht, er würde trinken, bis er umfiele, aber er wußte, daß die Warnung seines Arztes ernst war und daß er länger hätte leben können, wenn er mit dem Trinken aufgehört hätte. Es ist so ähnlich wie bei dem Diabetiker, der weiter Zucker ißt, obwohl er weiß, daß ihn das umbringt. Harry hat seinen Arzt respektiert und ihm vertraut. Es ist nicht einfach, mit dem Trinken aufzuhören oder keinen Zucker mehr zu essen, aber Harry hätte länger leben können, wenn er sein Verhalten geändert hätte.«
»Sein Verhalten war nicht selbstmörderisch, aber selbstzerstörerisch. Das ist ein großer Unterschied. Viele Leute haben selbstzerstörerische Gewohnheiten – sie essen, rauchen oder trinken zuviel –, die ihr Leben verkürzen können. Ursache dieser Süchte ist eine fehlende Selbstbeherrschung, nicht der Wunsch

zu sterben. Die Süchte müssen in diesem oder in einem zukünftigen Leben überwunden werden. Oft schaufelt der Mensch sich mit seinen Wünschen und Begierden selbst ein Grab.« Lawrence hielt inne.
Ist das nicht wahr? Ich dachte an die Menschen, die an Lungenkrebs, einem Herzinfarkt, einem Leberversagen und anderen Krankheiten sterben, deren Ursache der übermäßige Konsum irgendwelcher schädlicher Substanzen ist. Meine Freundin Liza beweinte den Tod ihrer Mutter, die zuviel geraucht hatte. Alle hatten versucht, die Frau vom Rauchen abzubringen, aber keinem war es gelungen. Liza hatte den Tod ihrer Mutter als Selbstmord bezeichnet, aber das war nicht unbedingt der Fall: Die Frau wollte nicht sterben, und sie wollte auch niemandem weh tun. Sie hatte einfach nicht die Kraft, mit dem Rauchen aufzuhören.
Da war auch Gary; er starb mit dreißig an einem Herzinfarkt, nachdem er eines Abends bei einer Party Drogen und Alkohol durcheinander konsumiert hatte. Er hatte vorher keine Probleme mit dem Herzen gehabt. Auch in seinem Fall sprachen die Menschen von Selbstmord, aber da er Alkohol und Drogen nicht mit der Absicht konsumiert hatte, sein Leben zu beenden, war sein Tod eher eine Tragödie, kein Selbstmord.

Euthanasie

Ich erzählte Lawrence auch von ein paar beunruhigenden Telefonanrufen, die ich erhielt. Einige stammten von Klienten mit Krankheiten im Endstadium, etwa Krebs oder Aids, andere von Familienangehörigen oder Freunden von Leuten, die schwer krank waren und Schmerzen hatten. Sie alle wollten meine Meinung zu der Frage hören, ob sie ihr Leben beenden sollten. Diese Anrufe zerrissen mir das Herz. Hinter ihnen stand die Angst, ohne Würde zu sterben.

Mein Standpunkt in dieser Frage ist klar. Ich halte es für inakzeptabel, das eigene Leben oder das von jemand anderem aufgrund einer Krankheit zu beenden. Allerdings sollte auch niemand gezwungen sein, nur durch Maschinen am Leben erhalten zu werden. Jeder, der nur noch mit Hilfe der Gerätemedizin weiterleben kann, sollte hinübergehen dürfen.

Matt, der an Aids erkrankt war und sich jeden Tag schlechter fühlte, war wegen meiner Einstellung verstimmt.

»Es ist hoffnungslos, und jetzt wird auch mein Verstand in Mitleidenschaft gezogen. Ich habe ständig Schmerzen, und das Leben macht keinen Spaß mehr. Meine Mutter bringt es um, mich so krank zu sehen. Wozu das Ganze? Ich sterbe sowieso.« Er schluchzte.

Ich habe viele Anrufe von Klienten wie Matt erhalten, die Aids hatten. Es brach mir das Herz zu sehen, daß junge, begabte, sympathische Menschen diese schreckliche Krankheit hatten. Ich verstand ihr Entsetzen und ihre Hoffnungslosigkeit, aber Selbstmord war nicht die Lösung. Aids, Krebs und eigentlich alle schweren Krankheiten sind eine Herausforderung für uns alle, eine spirituelle Prüfung. Jeden, der Aids oder eine andere Krankheit im Endstadium hat, müssen wir lieben, unterstützen und trösten. Unsere Liebe kann ihm helfen, den Wunsch zu überwinden, sein Leben vorzeitig zu beenden.

Susan konnte es nicht ertragen, die Schmerzen ihrer Mutter, die Krebs hatte, mit anzusehen. Sie wollte nicht, daß ihre Mutter starb, aber sie wollte auch nicht, daß sie weiterlitt. Die Mutter wünschte, daß Susan ihr beim Sterben half.

Susan erfüllte den Wunsch ihrer Mutter. Nachdem sie ihr die Pillen gegeben hatte, bedauerte sie es sofort. Es dauerte Stunden, bis ihre Mutter hinübergegangen war. Susan saß an ihrem Bett, als diese nach Atem rang. Als es vorbei war, hatte Susan nicht einen Tag mehr Frieden. Zwei Jahre später wurde bei ihr Krebs diagnostiziert. Sie glaubt, daß ihre Trauer und ihre Schuldgefühle wegen des Tods ihrer Mutter ihn angezogen haben.

Wer kann sicher sagen, warum Susan krank wurde? Ich kann Ihnen nur sagen, daß sie sich von der Sterbehilfe, die sie ihrer Mutter gewährt hatte, nie erholte. Lawrence war von unserem Gespräch tief bewegt. Er nahm meine Hand und sagte eindringlich: »Es ist sehr schwierig, mit solchen Situationen umzugehen, aber die Menschen müssen lernen, über das Physische hinauszudenken. Oft denken sie aus Mitleid, Sterbehilfe sei das richtige. Aber das ist nicht immer der Fall. Überleg einmal, wie sehr sie mißbraucht werden könnte, wenn sie legalisiert würde. Wie viele Leben würden von sogenannten ›mitleidigen‹ Freunden und Verwandten vorzeitig beendet? Wer hat die Macht, für irgend jemanden über Leben und Tod zu entscheiden? Solange wir leben, können wir lernen. Leben und Sterben haben mit dem Karma zu tun. Wenn ein schwieriger Tod dein Karma ist, mußt du ihn durchstehen, sonst wird er in einem späteren Leben wiederholt. Ich spreche mit aufrichtigem Mitgefühl, denn ich weiß,

daß das Leid größer wird, wenn das Leben vorzeitig beendet wird.
Sterbehilfe ist nicht gnädig. Ein Selbstmord oder ein durch Sterbehilfe herbeigeführter Tod sind nicht das Ende des Leidens. Sie sind der Beginn größerer Qual, eines spirituellen Leidens. Körperliche Schmerzen gehen vorüber; der Geist leidet über das Grab hinaus, wenn ein Mensch sich das Leben nimmt oder einem anderen dabei hilft.«

Die Rotfüchse

Unser Abendessen kam, und wir wechselten zu einem leichteren Thema. Lawrence erzählte mir mehr von seinem Freund in Frankreich, dem Arzt, der intensiv daran arbeitete, weniger schädliche Schmerzmittel als die zur Zeit verfügbaren zu entwickeln. Lawrence hatte großen Respekt vor seinem französischen Freund.
Wir beendeten unser Essen und bestellten einen Kaffee.
Ich fragte Arlene, die Kellnerin, warum das Restaurant »Red Fox« hieß.
Sie meinte, da draußen gäbe es Rotfüchse.
Ich fragte sie, ob sie gefährlich wären.
»Im allgemeinen nicht, aber im letzten Jahr waren ein paar von Tollwut befallen. Ein Fuchs schnappte sich die Handtasche einer Frau direkt aus ihrer Hand, als sie zu ihrem Auto ging. Bekanntlich sind diese Füchse im allgemeinen sehr scheu. Wir wußten, daß etwas nicht stimmte, als ihr Verhalten sich änderte und sie plötzlich dreist wurden.«

Sie ging kopfschüttelnd weg. Lawrence lachte, wies aber auch auf die Weisheit hin, die diese Geschichte barg.
»Denk einmal, wie viele Probleme vermieden werden könnten, wenn wir bemerkten, daß das normale Verhalten der Menschen sich ändert.«
Er kam noch einmal auf das Thema Selbstmord zurück. Wir sprachen darüber, daß das Verhalten eines Menschen sich oft (aber nicht immer) ändert, wenn er selbstmordgefährdet ist. Eine solche Veränderung ist wie eine rote Flagge, die uns sagt, daß unsere Hilfe gebraucht wird. Nicht jeder Selbstmord kann verhindert werden, aber einige könnten es, wenn wir mehr auf das Verhalten der Menschen um uns herum achteten. Wenn Menschen verwirrt handeln, müssen andere sie schützen. Wenn jemand nicht mehr schläft, oft und grundlos weint oder Gewicht verliert, ohne eine Diät zu machen, sollten Sie ihn an einen guten Arzt verweisen. Ein schwer depressiver Mensch ist nicht immer in der Lage, um Hilfe zu bitten. Es könnte unsere Aufgabe sein, jemandem zu helfen, um einen Selbstmord zu verhindern und den Betreffenden so davor zu bewahren, im Jenseits unter der Leere leiden zu müssen.
Wir baten um die Rechnung und verließen das Restaurant. Langsam fuhren wir zum Hotel zurück; wir genossen die Fahrt.
Ich dachte über unser Gespräch über den Selbstmord nach, und eine andere Frage fiel mir ein.
»Lawrence, macht es einen Unterschied aus, falls jemand nicht bei Verstand ist, wenn er sein Leben beendet? Ich weiß, daß manche Selbstmörder bei Verstand sind und andere nicht.«

»Der Zustand, in dem jemand infolge eines Selbstmords vorübergehend lebt, ist je nach der Art des Selbstmords verschieden. Jeder bleibt in einem unangenehmen Zustand zwischen Erde und Jenseits, bis der Zeitpunkt gekommen ist, an dem er eigentlich hätte hinübergehen sollen. Wenn jemand geisteskrank ist, ändert sich daran nichts, aber nicht alle Zustände sind gleich. Manche Leute werden von Schuldgefühlen und Reue überwältigt, andere sind verwirrt, als wären sie in einem Nebel. Jeder erhält viele Chancen, noch einmal zu leben. Und jedem wird vergeben – von denjenigen, denen er weh getan hat, und von sich selbst.«

Wir kamen im Hotel an. Lawrence sagte, er würde mich am nächsten Morgen nicht sehen, denn er müßte abreisen. Er riet mir, noch zwei Tage im Hotel zu bleiben, und versprach, bald wieder mit mir in Kontakt zu treten.

Ich ging in mein Zimmer und wurde von den Rosen aufgeheitert. Lawrence hatte gewußt, daß ich traurig sein würde, wenn er abfuhr, und deshalb hatte er mir die Rosen geschickt. Ich bin sicher, daß er mich in das Restaurant mitgenommen hatte, damit ich hörte, was die Kellnerin über die Rotfüchse sagte. Er hatte für alles einen Grund, und obwohl ich ihn nicht immer gleich erkannte, wurde zu gegebener Zeit alles klar.

Joy

Gleich nach meiner Rückkehr nach New York konnte ich Lawrence' Weisheit anwenden. Mark, ein Klient, den ich seit Jahren kannte, war verzweifelt. Das Verhalten seiner Frau Joy hatte sich in den letzten Wochen stark verändert. Mark wußte nicht mehr, wie er mit ihr umgehen sollte. Er war von Natur aus schüchtern und haßte die Konfrontation. Joy andererseits konnte, wenn sie wollte, Menschen sehr einschüchtern.

Normalerweise waren ihre Kleidung und ihr Haushalt immer tipptopp. Jetzt lief sie in schmutzigen Kleidern und ungekämmt herum, ließ das benutzte Geschirr in der Spüle stehen und Dinge auf dem Boden liegen. Wenn Mark etwas aufheben wollte, schrie Joy ihn an. Er bat Joys Mutter um Hilfe, aber sie wollte nichts damit zu tun haben. Schließlich bat Mark mich, ihm zu helfen. Da Joy nicht zu mir kommen wollte, ging ich zu ihr.

Die Wohnung war ein Chaos, und Joy schien es noch schlechter zu gehen, als Mark beschrieben hatte. Ich versuchte, mit ihr zu reden, aber sie schien in einer anderen Welt zu sein. Mark war ein Nervenbündel am Rande der Tränen. Ich wußte, daß Joy in ärztliche Behandlung gehörte, aber es würde nicht einfach sein, ihr Einverständnis dazu zu bekommen.

Als ich mit Joy im Wohnzimmer saß, sah ich neben ihr ganz deutlich eine Frau aus dem Jenseits. Die Frau schüttelte den Kopf und schien sehr besorgt. Ich beobachtete sie genau und hoffte auf eine Botschaft, die uns helfen würde. Dann hörte ich eine Stimme in meinem Kopf sagen: »Nenn sie Heidi, so habe ich sie immer genannt. Es war ihre Lieblingsgeschichte als Kind. Ich habe ihr jeden Abend daraus vorgelesen. Sag Heidi, Omi möchte, daß sie zu einem Arzt geht. Als sie klein war, hat sie immer getan, was ich ihr sagte. Versuch's.« Die Stimme hielt inne, und das Bild verblaßte.

Ich sah Joy an und sagte: »Heidi, deine Omi möchte, daß du zu einem Arzt gehst.«
»Wo ist sie?« Joy sprang auf und sah sich um.
»Vielleicht beim Arzt. Wollen wir nicht hingehen und nachsehen?«
Mark schien bestürzt, sagte aber nichts. Er wartete. Joy sah ein bißchen verwirrt aus, war aber damit einverstanden, mit uns zu gehen. Wir brachten sie zu einem Psychiater, der entdeckte, daß sie auf Medikamente reagierte, die ihr wegen eines leichteren Gesundheitsproblems verschrieben worden waren. Er sagte, sie hätte sich umbringen können, wenn wir noch länger gewartet hätten.
Wir mußten ihrer Großmutter danken, denn sie hatte dafür gesorgt, daß Joy zum Arzt ging.
Sobald die Wirkung der Medikamente abgeklungen war, war Joy wieder die alte. Sie gehörte zu den Glücklicheren: Die Menschen, die sie auf der Erde und im Jenseits liebten, paßten auf sie auf.

Der größere Zusammenhang

Wir können körperlichen und seelischen Prüfungen mit Verständnis anstatt mit Hoffnungslosigkeit entgegentreten, wenn wir den größeren Zusammenhang sehen und akzeptieren. Die Probleme, die Menschen dazu treiben, sich das Leben zu nehmen, gehen vorüber. Das Leben selbst ist ewig.
Wir müssen uns den Prüfungen stellen, die unser Karma uns beschert. Sie geben uns die Chance, neues Karma zu schaffen und altes Karma loszuwerden.
Dieses eine kurze Leben ist ein Wassertropfen im Oze-

an der Zeit. Wir werden geboren, leben und gehen ins Jenseits. Der Tod ist etwas genauso Natürliches wie eine Geburt, und wir sollten auf so natürliche Weise wie möglich sterben. Bei einem natürlichen Tod schwebt die Seele friedlich dem Licht entgegen. Bei einem Selbstmord wird sie aus dem Körper herausgerissen.

Wir sind nie zu jung, um zu lernen. Wir können Kindern und Teenagern beibringen, daß das Leben heilig ist. Wir können ihnen Werkzeuge geben, mit denen sie die Prüfungen des Lebens bestehen können. Wenn wir Menschen so erziehen, daß sie den größeren Zusammenhang sehen, lassen sich viele Selbstmorde verhindern.

Ein Selbstmord beendet unsere Probleme nicht, er verstärkt sie nur. Ich kann nicht genug betonen, daß Sie nichts umbringen können. Sie können Ihr physisches Leben beenden, aber im Jenseits leben Sie weiter.

Menschen, deren Selbstmordversuch gescheitert ist, werden Ihnen bestätigen, daß der Ort, an den sie gegangen sind, kein schöner war und daß sie dankbar sind, weiterleben zu dürfen.

Schwierigkeiten vergehen, aber der Gott im Inneren bleibt. Wir müssen das Leben schützen, um dem Gott, der in uns lebt, unseren Respekt zu zeigen.

Auch wenn Sie entdecken, daß Sie nur noch ein paar Monate zu leben haben, sollten Sie die Zeit dazu benutzen, soviel Wissen wie möglich zu sammeln, damit es Ihnen im nächsten Leben hilft.

Der physische Körper beginnt mit dem Augenblick, in dem wir geboren werden, zu sterben. Alles, was wir tun, tun wir, während wir körperlich am Sterben sind. Bis zum letzten Atemzug können wir vom Leben lernen und Erfahrungen machen. Wir können lieben und anderen und dem Gott in uns dienen. Das gesamte Leben ist heilig und voller Wunder und muß bewahrt werden.

Alles, was wir tun, trägt zum größeren Zusammenhang bei. Wir verdienen unser nächstes Leben durch die Art, in der wir in diesem leben und sterben.

VI. Die Welt der Gedanken

Das Jenseits ist eine Welt der Gedanken. In dem Augenblick, in dem Sie im Jenseits ankommen, wird die Erkenntnis, welche Macht Gedanken besitzen, Sie überwältigen. Auch wenn Sie jedes auf dem Markt verfügbare Buch über die Kraft des positiven Denkens gelesen haben – auf der anderen Seite ist sie noch größer, als Sie sich vorstellen können.
Im Jenseits sehen Sie sofort, was Ihr Denken bewirkt. Ihr physischer Körper schränkt Sie nicht mehr ein. Auf der Erde müssen wir erst an das, was wir tun wollen, denken und dann körperlich aktiv werden, um den Gedanken umzusetzen. Nehmen wir an, Sie beschließen, in ein Geschäft zu gehen. Sie müssen Ihre Wohnung verlassen und zu dem betreffenden Geschäft gehen oder fahren. Im Jenseits denken Sie daran, daß Sie an einem anderen Ort sind, und im gleichen Augenblick sind Sie dort. Geist und Denken sind eins; sie wirken zusammen.
Im physischen Leben trägt das positive Denken dazu bei, daß wir uns ein glückliches und erfülltes Leben schaffen. Es hilft uns, Schwierigkeiten zu überwinden, und beeinflußt die Qualität unseres Lebens vor und nach dem Tod. Die Umstände unseres jetzigen Lebens auf der Erde sind eine Kombination unseres gegenwärtigen Denkens und Tuns und des Karmas, das wir aus früheren Leben in dieses Leben mitgebracht haben. Manche Situationen, mit denen wir uns in diesem Leben beschäftigen müssen, sind nicht nur das Ergebnis unserer Denkgewohnheiten; sie sind kar-

misch bedingt. Wenn wir im Jenseits angekommen sind, besteht unser Leben ausschließlich aus unseren Gedanken. Am Karma arbeiten wir nur im physischen Bereich.

»Richtiges« Denken

Eine nette Frau namens Carrie starb 1989 an Krebs. Ich war während ihrer Krankheit viel mit ihr zusammen, und wir haben oft über die andere Seite gesprochen. Sie wußte, daß das positive Denken ihr bei ihren Prüfungen helfen würde, und wendete es eifrig an. Sie erlaubte sich keine wütenden oder ärgerlichen Gedanken. Sie dachte stets daran, wie sie ihre Gesundheit verbessern könnte. Für sie war das Glas immer halb voll, nicht halb leer. Sie war allseits beliebt, und viele versuchten, ihre positive Persönlichkeit nachzuahmen. Ihr Spitzname, Engel, paßte gut zu ihr.
Der Krebs hatte sich zwei Jahre lang nicht bemerkbar gemacht; als er wieder auftrat, verwüstete er ihren ganzen Körper. Sie fühlte sich verantwortlich. Sie meinte, sie hätte nicht positiv genug gedacht und deshalb wäre der Krebs zurückgekommen. Sie brach zusammen und weinte. »Warum macht mein Körper nicht, was mein Verstand ihm sagt?« Ihre Schuldgefühle machten mich traurig. Sie hatte eine falsche Vorstellung vom positiven Denken, und ich wollte ihr helfen, daß sie das einsah. Ihre Gedanken waren nicht das Problem. Sie war einer der positivsten, liebevollsten Menschen, denen ich je begegnet bin. Sie beklagte sich nie über ihre Krankheit und half anderen, wo immer sie konnte. Ihr Krebs war karmisch bedingt.

Ich erklärte ihr, daß es im Leben Situationen gibt, die wir aus einem vergangenen Leben mitbringen. Nehmen wir beispielsweise ein Baby, das blind geboren wird. Die Mutter hat vor und während der Schwangerschaft gesund gelebt. Kein anderes Familienmitglied ist blind. Es gibt keine plausible Erklärung für dieses Schicksal außer der folgenden: Die Seele dieses Kindes hat das Problem mitgebracht, um Karma aus einem vergangenen Leben abzutragen. Ein Baby kann man wohl kaum beschuldigen, »falsch« zu denken.

Wenn das Kind heranwächst, kann es sich entscheiden, wie es mit dieser karmischen Situation umgeht. Das positive Denken wird ihm helfen, dieser Herausforderung mit Humor und Mut entgegenzutreten. Wird es wütend, wenn das positive Denken ihm das Augenlicht nicht wiedergibt? Oder wächst es zu einem glücklichen, produktiven Menschen heran, der mit seinem karmischen Problem lebt?

Carrie war sehr erleichtert, als sie einsah, daß sie alles in ihrer Macht Stehende getan hatte, um wieder gesund zu werden. Wir nahmen ihr Leben und ihr Denken unter die Lupe, und sie sah ein, daß sie sehr gesund und positiv lebte. Dies ließ sie Frieden mit ihrem Tod schließen.

Nachdem Carrie hinübergegangen war, erhielt ich eine Botschaft von ihr. Sie kam auf interessante Weise zu mir. Vor ihrem Übergang hatten wir darüber gesprochen, daß wir uns wiedersehen würden. Sie sagte mir, sie wolle mir Bescheid geben, wenn sie hinüberginge. Es würde ein eindeutiges Zeichen sein, welches mir zeigte, daß alles in Ordnung war.

Carrie wohnte in Kalifornien, und deshalb war ich an

dem Tag, an dem sie hinüberging, nicht bei ihr. Spät am Abend, als ich in meinem Schlafzimmer fernsah, flog ein Kristallengel (der im allgemeinen auf meinem Küchenschrank steht) durch den Raum. Er flog wirklich. (Ich bin an solche Phänomene gewöhnt. Sie sind bei Medien nicht unüblich.) Ich nahm den Engel auf, und als ich ihn wieder an seinen Platz stellte, sah ich Weiße Feder neben meinem Schreibtisch stehen. Seine Arme waren vor der Brust gekreuzt. Sein gemessenes Auftreten sagte mir, daß eine Botschaft auf mich wartete.

Ich wurde ganz still und konzentrierte meine gesamte Aufmerksamkeit auf meinen »astralen Bildschirm«. Ich sah Carries strahlendes Gesicht. Sie lachte und sprach mit einer Gruppe von Menschen. Ihre Mutter war dabei. (Ich hatte ein Foto von der Mutter gesehen. Sie ist hinübergegangen, als Carrie zehn Jahre alt war.) Es sah aus wie eine große Party. Carrie, die sehr dünn und grau gewesen war, sah vollkommen gesund aus. Das positive Denken und ihr Glaube an ein Leben nach dem Tod trugen dazu bei, daß sie schnell und ohne Schwierigkeiten ins Jenseits überging. Das Bild zeigte, daß sie bereit war hinüberzugehen. Ihre Gedanken zum Zeitpunkt ihres Todes waren so positiv wie während ihres Lebens.

Das Bild verblaßte, und Weiße Feder war weg. Ich sah auf die Uhr und dachte, daß ich ihren Mann anrufen sollte. In Kalifornien war es Mitternacht, und deshalb beschloß ich, mit dem Anruf bis zum nächsten Tag zu warten.

Morgens klingelte das Telefon. Carries Mann rief an, um zu sagen, daß sein »Engel« ungefähr um Mitternacht hinübergegangen war. Er bestätigte, daß sie

ruhig und friedvoll gewesen war, als sie die physische Ebene verließ.
Ich sagte ihm nicht, daß ich es bereits wußte.

Wie manifestieren sich Gedanken im Jenseits?

Auf der Erde müssen die Gedanken in eine konkrete, physische Form umgesetzt werden, um wirken zu können. Dies ist im Jenseits nicht der Fall.
In der physischen Welt ist zum Beispiel einige Arbeit erforderlich, bis ein Haus gebaut ist. Die Pläne werden gezeichnet und dann von einem Bauunternehmen ausgeführt. Es kann Monate dauern, bis das Haus steht, nicht zu reden von der Ausstattung.
Im Jenseits denken Sie einfach an das Haus, das Sie gerne hätten, und es ist da. Meine Großmutter Grace reproduzierte im Jenseits das Haus, in dem sie in Iowa gewohnt hatte, indem sie daran dachte. Ihr Wunsch, in dieser vertrauten Umgebung zu leben, hatte es hervorgebracht. Das Haus ist durchaus real, aber es besteht nicht aus Materie, sondern aus Gedankenformen. Das Haus bleibt so lange bestehen, wie Großmutters Gedankenformen wollen. Es kann sein, daß sie dieses Haus irgendwann einmal nicht mehr will, und dann verschwindet es. Großmutters Gedankenformen werden den Menschen sagen, wo sie ist. Wenn jemand intensiv an sie denkt, wird sie dies empfangen. Wenn ein Mensch, den Großmutter auf der Erde kannte, im Jenseits ankommt und wissen will, wo sie dort ist, sendet er ihr einen eindringlichen Gedanken. Großmutter empfängt ihn und sendet Anweisungen, indem sie

selbst intensive Gedanken benutzt. All dies geschieht in einem Augenblick. Großmutters Besucher kann sich dann entscheiden, wie er zu dem Haus kommt. Er kann zu Fuß gehen oder fliegen.
Die Tatsache, daß Ihre Gedanken sich sofort manifestieren, bedeutet nicht, daß es im Jenseits keine Privatsphäre gibt. Wer im Jenseits weilt, wird nicht plötzlich hellsichtig und kann die Gedanken aller anderen lesen. Man könnte sich wohl kaum glückselig fühlen, wenn man das Gefühl hätte, daß andere alles von einem wissen. Aber die Ergebnisse Ihrer Gedanken werden sichtbar, ohne daß Sie dafür physisch etwas getan haben. Gedankenformen manifestieren sich sofort. Wenn Sie denken, Sie würden gern ein bestimmtes Kleidungsstück tragen, haben Sie es auch schon an. Wenn Sie sich auf einen Menschen konzentrieren, mit dem Sie gern kommunizieren würden, erhalten Sie im Handumdrehen eine Botschaft von ihm.

Fliegen

Wir können uns im Jenseits bewegen, ohne daß Zeit vergeht. Sie konzentrieren Ihren Verstand einfach auf den Ort, an dem Sie gerne wären, und sind sofort dort. Der Verstand steuert unseren Körper. Auf der physischen Ebene müssen wir darauf warten, daß unser Körper sich bewegt; das bloße Wünschen bringt uns nicht dahin, wo wir sein wollen. Geistkörper und Verstand sind Partner. Sie arbeiten simultan.
Manche Menschen, die im Jenseits ankommen, müs-

sen diese neue Art der Fortbewegung erst lernen. Sie fühlen sich oft schwerfällig, bis die Verstand-Körper-Verbindung ihnen geläufig ist. Denken Sie an Molly. (Sie hatte eine Nah-Todeserfahrung und brachte mir eine Botschaft von der »alten Dame«.) Ihr Onkel mußte sie festhalten, damit sie nicht hinfiel, während sie sich fortbewegte. Da dies ihre erste Reise ins Jenseits war, war die Kraft der Gedanken ihr noch nicht klar. Sie hatte auch nicht die Zeit, sich an die sofortige Umsetzung der Gedanken in Handlung zu gewöhnen. Aber niemand verletzt sich, wenn er im Jenseits hinfällt, denn der Geistkörper kann keinen Schaden nehmen.
In vielen Berichten von Menschen, die eine Nah-Todeserfahrung hatten, ist von der schnellen Bewegung oder dem Gefühl des Fliegens die Rede. Die schnellen Bewegungen in den Visionen, die Weiße Feder mir zeigte, beeindruckten mich. Blitzartig änderten sich die Szenen. Dies war so, weil Denken und Handeln im Jenseits nicht getrennt sind, im Gegensatz zur physischen Welt.

Maria
Eine dreiundzwanzigjährige Frau erzählte mir von der folgenden Nah-Todeserfahrung.
»Ich erinnere mich, daß ich in meinem Wohnzimmer war und mich einer Ohnmacht nahe fühlte. Ich rief meinen Mann zu Hilfe. Dann war ich über meinem Körper und schaute auf ihn hinab. Einen Augenblick lang hatte ich das Gefühl, das Gleichgewicht zu verlieren, als ob ich fallen würde, aber das ging schnell vorbei. Ich dachte an mein Baby im ersten Stock und war sofort in seinem Zimmer. Dem Baby ging es gut, es

schlief fest. Mein Denken kehrte zu meinem Mann zurück, und blitzartig stand ich wieder im Wohnzimmer und beobachtete ihn, wie er mich durch eine Mund-zu-Mund-Beatmung wiederzubeleben versuchte. Das Telefon klingelte, und ich war sofort in der Küche neben dem Telefon. Es war wundervoll. Ich fühlte mich frei wie ein Vogel, flog im Haus herum und beobachtete alles. Meine nächste Erinnerung war, daß ich im Krankenhaus wach wurde.«

Sie erzählte ihrem Mann alles, was sie während der Zeit gesehen hatte, in der sie für tot gehalten wurde. Er war schockiert von ihrer detaillierten Beschreibung, akzeptierte sie aber als Beweis für ein Leben nach dem Tod.

Sechs Monate nach Marias Nah-Todeserfahrung starb ihr Mann bei einem Autounfall. Maria war sehr traurig und einsam. Sie waren neun Jahre zusammengewesen, und sie liebte ihn sehr. Aber ihre Nah-Todeserfahrung gab ihr Trost, und sie meinte, Gott habe sie gesegnet. Sie wußte, daß ihr Mann nicht tot, sondern nun frei von irdischen Sorgen war.

Gedankenformen

Jeder Gedanke, den Sie – im Jenseits und in der physischen Welt – haben, nimmt eine Form an. Geschulte Medien können diese Formen sehen. Ihr Gewicht, ihr Wirkungsgrad und ihr Umriß hängen von der Intensität des Gedankens ab.

Manche Gedanken, die Ihnen schnell durch den Kopf schießen, erzeugen keine bleibenden Formen. Andere werden zu machtvollen Formen, die Farbe und Klang besitzen, weil sie sehr stark sind oder wiederholt auftreten. Diese Formen bleiben bei uns und beeinflussen unser Leben. Je länger Sie an einem Gedanken festhalten, desto mehr Kraft bekommt er. Wenn ihm nicht erlaubt wird, sich festzusetzen, bewirkt er nichts. Gedanken, die festgehalten werden, erzeugen ausgeprägte Muster, die unsere Aura bilden. (Die Aura ist die farbige, wolkenähnliche – durch unsere Gedanken, Gefühle und Leidenschaften geschaffene – Substanz, die unseren Körper umgibt. Sie ist sehr empfindlich und reagiert augenblicklich auf Veränderungen der Gedanken und Gefühle; bei einer emotionalen Veränderung ändert sich ihre Farbe.)

Die Gedanken haben eine unterschiedliche Schwingung: Wenn jemand sehr eifersüchtig ist, wird seine Aura bräunlichgrün und trübe. Wenn er an seinem eifersüchtigen Denken festhält, stößt dieses alle guten Gedanken, die auf ihn gerichtet werden, ab. Ein liebevoller Gedanke erzeugt Gelbschattierungen und öffnet Sie dafür, andere positive Gedanken anzuziehen.

Nehmen wir an, Sie hassen jemanden. Immer wieder denken Sie an Ihre Verachtung für diesen Menschen. Diese Negativität zeigt sich in Ihrer Aura als schmutziges Rot. Wenn Sie lange an der Wut festhalten, wird kein liebevoller Mensch sich von Ihnen angezogen fühlen.

Sie brauchen kein Medium zu sein, um zu wissen, daß es Sie »herunterzieht«, wenn Sie mit einem depressiven, negativen Menschen zusammen sind. Da Sie sich in seiner Aura befinden, nehmen Sie seine Schwingung auf.

Ein negatives Gedankenmuster läßt sich nur durch die Kraft Ihres Willens durchbrechen. Statt an Haß müs-

sen Sie an Liebe und Vergebung denken. Wenn Sie das nicht können, ist langfristig möglicherweise eine psychische Störung die Folge. Auf jeden Fall werden Sie unglücklich sein, denn ein »falsches« Denken erzeugt nur Leid.
Gute Gedanken erzeugen positive Formen, und das Ergebnis werden Glück und Ausgeglichenheit sein. Dies gilt im Diesseits genauso wie im Jenseits.
Um Gedankenformen zu sehen, müssen Sie hellsichtig sein. Für das physische Auge sind sie erst erkennbar, wenn sie einen konkreten Ausdruck erhalten haben. Wenn Sie diese Begabung nicht besitzen, müssen Sie warten, bis Sie das materielle Ergebnis der Gedankenformen sehen oder hören. Welche Macht Gedanken haben, zeigt sich im Jenseits sehr viel deutlicher.

Wie ein Medium Gedankenformen liest

Mit Hilfe der Gedankenformen läßt sich auch besser verstehen, wie eine mediale Begabung funktioniert: Im Grunde ist es eine Angelegenheit der Schwingung. Alles lebt und schwingt in einem ihm eigenen Rhythmus. Hellsichtige können Dinge wahrnehmen, die eine Schwingungsfrequenz besitzen, die andere Leute nicht registrieren.
Dazu ein Beispiel: Eine Frau, die ich nie zuvor gesehen habe, kommt zur Beratung. Sie ist hübsch angezogen, und es scheint ihr gutzugehen. Aber ich schaue sie an und sehe eine Schwingung, die Wut signalisiert: Die Farbe ist Rot, und sie zittert vor Zorn. Als nächstes erfasse ich, warum sie wütend ist. Sie hat sich gerade

von ihrem Freund getrennt, weil er sie betrogen hatte. Sie will sich rächen.
Dies kommt mir so leicht, als würde ich ein Buch lesen, denn ich stelle mich auf ihre Gedankenformen ein. Ich kann dann medial die Zukunft sehen, auf die sie zugeht. Ich sehe, daß sie krank werden wird, wenn sie an diesem negativen Denken festhält. Aber sie hat den freien Willen, diesen Ablauf zu ändern, indem sie ihr Denken ändert und sich zwingt, ihre Wut durch Verzeihung zu ersetzen.
Im Gespräch zeigen sich dann weitere Gedankenformen, aber die Wut bleibt dominant. Die anderen Formen können mit ihr nicht konkurrieren. Es ist zu hoffen, daß die Zeit ihr Denken heilen wird. Aber warum hält sie an dieser Negativität fest? Denn letztendlich wird sie diejenige sein, die unter ihr leidet.
Ich versuche, ihr verständlich zu machen, daß sie ihre Gedanken ändern muß. Aber sie begreift nicht, was ich meine. Sie weiß, daß sie sehr unglücklich und von ihrer Wut besessen ist. Aber dies ist für sie kein Beweis, daß ihr negatives Denken für ihr Unglück verantwortlich ist. Die Zeit wird ihr den Beweis liefern, den sie sucht.
Sie erschaffen sich Ihre Welt durch die Art, in der Sie denken. Sie haben den freien Willen zu entscheiden, wie Sie die Situation in Ihrem Leben gedanklich verarbeiten. Unsere Lebensumstände können wir nicht immer ändern, wohl aber unsere Gedanken. Lawrence sagte oft: »Was geschieht, ist nicht so wichtig wie das, wie wir darauf reagieren.« Im Jenseits ist dies bekannt, aber auf der Erde beginnen wir erst, dies einzusehen.

SOS

Ich habe von meiner gedanklichen Verbindung zu Lawrence gesprochen. Wenn ich intensiv an ihn denke, kann er meine Gedankenformen sofort auffangen. Dazu ist von meiner Seite Konzentration erforderlich, und ich muß eine bestimmte Absicht verfolgen. Ich denke an ihn, lasse ihn wissen, daß ich seine Hilfe begrüßen würde, und er empfängt diese Botschaft augenblicklich. Er entscheidet dann, ob es notwendig ist, daß wir uns treffen.
Manchmal gibt er mir meinen Hilferuf mit einer liebevollen Gedankenform zurück. Dann habe ich das Gefühl, als würde Trost mich wie eine Decke einhüllen. Manchmal taucht er persönlich auf. Dann wieder sieht es so aus, als würde er nicht reagieren. In Wirklichkeit antwortet er dadurch, daß er nichts sagt. Sein Schweigen sagt mir, daß ich mit der Situation selbst fertig werden kann. Ein kluger Lehrer erlaubt seinem Schüler, wann immer möglich eigene Lösungen für Probleme zu finden.
Es wäre egoistisch, wenn ich Lawrence bei jedem kleinen Problem anriefe. Ich bemühe mich, ihn nur zu rufen, wenn die Dinge besonders schwierig erscheinen.
Lawrence hat seine Gedanken völlig unter Kontrolle. Seine Motivation ist immer uneigennützig. Sein Denken bewegt sich auf einer sehr hohen Ebene.
»Die meisten Menschen sind nicht in der Lage, ihre Gedanken zu beherrschen, und deshalb werden sie von ihnen beherrscht«, hat er mir oft gesagt.
Er meint, ich solle mir meiner Gedanken ständig bewußt sein.

»Wir sollten versuchen, unser Denken immer auf eine spirituelle Ebene zu erheben. Zwanghaftes Denken erzeugt Unausgewogenheit und Disharmonie. Trainiere dein Denken so, wie ein Tänzer seinen Körper trainiert: Es muß auf deine Befehle hören. Dazu sind Konzentration und Disziplin erforderlich. Befiehl deinem Verstand, an Liebe, nicht an Haß zu denken, an Vergebung, nicht an Wut oder Rache. So werden dieses Leben und die zukünftigen besser.«

Im Jenseits gibt es weder eine Industrie noch Geld und daher weder Habgier noch Konkurrenzdenken. Der Geistkörper braucht nicht zu essen, und deshalb kreisen die Gedanken nicht ums Essen. Der Geistkörper ist immer völlig gesund, deshalb braucht er nicht an die richtige Ernährung oder Sport zu denken. Für materiell eingestellte Menschen klingt dies eher langweilig, denn sie können sich ein Leben ohne die Jagd nach sinnlichem Genuß nicht vorstellen. Tatsächlich geht es im Jenseits durchaus lebendig zu: Viele liebevolle Gedanken sind dort auf der Suche nach Wissen. Wenn unsere Gedanken voller Schönheit sind, nützt uns dies. Es schadet uns, wenn wir Gedanken festhalten, die auf die Erfüllung sinnlicher Vergnügungen gerichtet sind.

Das Jenseits im Schlaf besuchen

Ich habe bereits erwähnt, daß manche medialen Erfahrungen und Visionen durch Träume zu mir kommen. Während des Schlafs begibt der Geistkörper sich oft auf Reisen. Die Schnur, die den physischen mit dem spirituellen Körper verbindet, ist ziemlich elastisch. Im Schlaf habe ich, von Weißer Feder

oder einem hinübergegangenen Freund geführt, die jenseitigen Bereiche bereist. Während des Schlafs kann man sich leicht zwischen den Welten bewegen, weil die Gedanken an physische Aktivitäten uns nicht überlasten.
Ich habe mich jahrelang mit dem Studium meiner Träume beschäftigt. Ich habe mich trainiert, aufzuwachen und mich an meinen Traum zu erinnern, sobald er zu Ende ist. Ich träume sehr viel. In manchen Nächten werde ich fünf- oder sechsmal wach.
Das Leben der meisten von uns ist sehr hektisch, und meins bildet da keine Ausnahme. Ich glaube, daß ein Verstorbener manchmal nur zu mir durchkommen kann, wenn ich schlafe.
Es ist wie bei einer Telefonleitung, die oft benutzt wird. Manchmal muß eine hinübergegangene Seele in meinen Schlaf einbrechen, um eine Botschaft zu überbringen. Der Tag ist nicht lang genug, um alles zu erledigen, und deshalb werden die Nächte benutzt.
Jeden Abend vor dem Einschlafen sende ich positive Gedanken an Weiße Feder und an Lawrence. Dieses kleine Ritual trägt dazu bei, alle Gedankenformen loszulassen, die meine Empfangsfähigkeit für die Botschaften hilfsbedürftiger Seelen beeinträchtigen könnten.
Unsere Gedanken sind während des Schlafs aktiv.

David

Vor ein paar Wochen kam mein Freund David, der vor einigen Monaten hinübergegangen ist, im Traum zu mir. Auf der Erde war er ein sehr lustiger Mensch gewesen, und im Jenseits hatte er seinen Humor behalten.

Er begann damit, daß er mir im Scherz Vorwürfe machte: man käme wirklich nicht zu mir durch.
»Die Leute stehen Schlange, um den Kontakt zu dir herzustellen. Ich dachte schon, ich würde es nie schaffen. Hat es dir übrigens gefallen, wie ich an dem Tag, an dem ich hinübergegangen bin, ein Bild zerbrochen habe?« (Er hatte ein Bild in meinem Wohnzimmer herunterfallen lassen.)
»Es hat mir überhaupt keinen Spaß gemacht, das Geld auszugeben, um die Glasscheibe zu ersetzen. Hättest du mir nicht ein anderes Zeichen geben können?« scherzte ich zurück.
Er erinnerte mich daran, daß es meine eigene Schuld war. Ich hatte ihm erzählt, daß Bilder herunterfallen und Glas zerspringt, wenn jemand hinübergeht, weil die Menschen diese Zeichen kennen. Sie sind im Lauf der Geschichte immer wieder als Zeichen benutzt worden, die den Tod verkünden. Warum also etwas Bekanntes verändern?
David wurde dann ernst und sprach darüber, wie glücklich er im Jenseits sei. Er hatte meine Lehrerin, die »alte Dame«, um Erlaubnis gebeten, mit mir zu sprechen, und sie hatte ihm geholfen, den Kontakt zu mir herzustellen.
Auch nachdem ich David vom Jenseits erzählt und ihm gesagt hatte, daß wir in Wirklichkeit nicht sterben, hatte er sehr viel Angst vor dem Übergang gehabt. Ich hatte ihm versprochen, daß die Angst in dem Augenblick, in dem er hinüberginge, von ihm abfallen würde.
Mit seinem jetzigen Besuch wollte er mir dafür danken, daß ich ihm geholfen hatte, denn vor seinem Übergang hatte er dazu keine Gelegenheit gehabt.
Als ich aus diesem Traum wach wurde, hatte dasselbe

Bild, dessen Glas beim Übergang Davids zersprungen war, sich von der Wand wegbewegt und lag neben meinem Bett. Diesmal war das Glas nicht gesprungen.

Mein Besuch bei der »alten Dame«

Ich habe Ihnen von den Botschaften erzählt, die Molly und David mir von der »alten Dame« gebracht haben. Jetzt möchte ich Ihnen von meinem persönlichen Besuch bei ihr erzählen.
Molly hatte die »alte Dame« im Sitzungssaal gesehen. Dies ist ein Ort im Jenseits, an dem Lehrer sich versammeln, um Entscheidungen zu treffen, die uns auf der Erde helfen. Es ist ein riesiger Raum mit einem sehr langen Tisch, um den viele Stühle stehen. Es gibt viele Lehrer, die auf den verschiedensten Gebieten Experten sind. Sie versammeln sich, um Ideen zu besprechen, die die Menschheit inspirieren sollen.
Weiße Feder zeigte mir diesen Raum, als ich sehr jung war. Damals verstand ich seine Bedeutung nicht ganz. Heute ist sie mir klar. Die Lehrer entscheiden, welche Ideen ausprobiert werden könnten, um der Menschheit zu helfen. Die gemeinsame Entscheidung, jemandem auf der Erde einzugeben, eine neue Religion oder eine neue Art der Psychologie zu begründen, wird in diesem Raum getroffen.
Der betreffende Mensch auf der Erde fängt die Eingebung von den Lehrern auf, weil es sein Karma ist. Die Lehrer können nicht in das Karma des Planeten eingreifen. Eine Sache wird nur begonnen, wenn wir auf der Erde sie verdient haben.
Oft wird gefragt, wie die Lehrer das Leid auf der Erde

zulassen können. Die Antwort liegt in der Einsicht, daß der Mensch aus allen Erfahrungen lernt, die er anzieht. Kein Lehrer möchte, daß irgend jemand leidet, aber niemand kann in das Karma eingreifen, das wir durch unser Tun geschaffen haben.
1990 hatte ich eine schwere Lungenentzündung. Ich bin mit einer guten Gesundheit gesegnet, und deshalb war diese Krankheit sehr ungewöhnlich. Ich fühlte mich erschöpft und hatte hohes Fieber. Der Arzt gab mir Medikamente, also konnte ich nichts tun, außer mich ausruhen.
Es ist eine Tatsache, daß unsere übersinnliche Wahrnehmung manchmal schärfer ist, wenn wir krank sind. Dies mag sonderbar klingen, aber es stimmt. Ich glaube, daß unsere Abwehrmechanismen nicht funktionieren, wenn wir krank sind, und deshalb gibt es weniger Barrieren zwischen den Welten.
Ich war im Bett und döste, als ich plötzlich das Gefühl hatte zu schweben. Bilder flogen vor mir vorbei. Ich war nicht am Sterben, und ich hatte auch keine Nah-Todeserfahrung. Ich war ein Medium, das die Astralebene in lebendigen Farben von seiner Wohnung in Greenwich Village aus sah. Ich stellte mich auf die Astralebene ein und konnte alles sehen, als wäre es ein Film im Fernsehen. Ich machte im Sitzungssaal halt und sah, wie die »alte Dame« mit einem Federkiel schrieb. Sie war so in ihre Arbeit vertieft, daß sie mich nicht zu bemerken schien. Die Papiere flogen überall im Raum herum, aber das schien sie nicht zu stören. Ich wollte mit ihr reden, war aber zu schüchtern.
Sie hörte auf zu schreiben und sah mich direkt an.
»Ich sehe, daß du dein erstes Buch abgeschlossen hast. Es war an der Zeit!« rief sie aus, und dann

lächelte sie. Ihr Strahlen schien das Universum zu erfüllen.
Ich hatte sie mir schroff vorgestellt, denn ich hatte viele Berichte über ihr Temperament gelesen.
Sie erklärte dann, was es mit dem Sitzungssaal auf sich hatte und was die Lehrer dort tun. Sie sagte mir, was ich tun sollte, wenn es mir besserging. Sie zeigte mir die Abhandlung, an der sie arbeitete.
»Es wird dort unten veröffentlicht werden, wenn die Zeit gekommen ist.« (Mit »dort unten« meinte sie die irdische Ebene.)
Ich werde nie vergessen, welche Liebe in ihren Augen leuchtete, als sie mich ansah. Dieser Blick hat mir in schweren Zeiten Kraft gegeben.
Dann war ich mir wieder meines Schlafzimmers bewußt, und daß das Telefon klingelte. Auf dem Bett, ganz nah bei mir, lag eine Feder, die so aussah, als käme sie von einem Federkiel! Die »alte Dame« hatte mich mit einem Geschenk von der anderen Seite auf die Erde zurückgeschickt.

Freiheit

Ich war noch ziemlich jung, als ich die Kraft der Gedanken kennenlernte. Die entsprechenden Erlebnisse sind mir mein ganzes Leben lang in Erinnerung geblieben.
Eine Zeitlang manifestierte sich alles, was ich wünschte. Die unwichtigsten Dinge, etwa ein Adreßbuch oder eine Brieftasche, tauchten auf, wenn ich an sie dachte. Ich erinnere mich an einen Tag, an dem ich dachte: »Ich muß mir ein neues Adreßbuch kaufen.« Ich woll-

te nach draußen gehen, und neben der Eingangstür lag ein neues, noch verpacktes Adreßbuch. Zuerst schien es einfach ein merkwürdiger Zufall zu sein, und deshalb ging ich achselzuckend darüber hinweg. Aber nachdem solche Dinge zehnmal passierten, beobachtete ich meine Gedanken. Ich erkannte, daß Dinge sich manifestierten, wenn ich einen Gedanken eine Zeitlang festhielt. Dies war nicht gut, denn ich wußte, daß Gedankenformen geschaffen wurden, um diese Dinge zu mir zu bringen.

Ich hatte nicht die Absicht, diese Kraft zu mißbrauchen; es geschah einfach. Aufgrund meiner medialen Begabung sind meine Gedankenmuster intensiver als die der meisten anderen Leute, und deshalb muß ich meine Gedanken genauer beobachten als sie.

Durch Disziplin lernte ich, meine Gedanken zu beherrschen. Ich halte keinen Gedanken fest, um irgend etwas zu bekommen. Ich bemühe mich nach besten Kräften, positiv, produktiv und freundlich zu denken. Auf diese Weise bekomme ich alles, was zu mir gehört, auf natürliche Weise.

Gedanken sind sehr mächtig. Sie sind der Weg zur Freiheit.

Solange wir von irgend etwas besessen sind – einer suchterzeugenden Substanz, einem Menschen oder dem Wunsch nach materiellem Gewinn –, sind wir nicht frei. All diese Störungen des Gleichgewichts werden von unseren Gedanken erzeugt. Stellen Sie sich vor, was das bedeutet! Wir können unser Leben ändern, wenn wir unser Denken ändern. Das bedeutet nicht, daß das bloße Denken uns all die Dinge zuführt, die wir uns wünschen. Wenn Sie »richtig« denken, belastet Sie nicht der Wunsch nach irgend

etwas Bestimmtem. Wir lernen vielmehr, nichts zu wünschen außer dem Seelenfrieden. So werden wir frei.
Das Dasein im physischen Bereich macht es schwer, so zu denken. Ständig stellen die Versuchungen der physischen Welt uns auf die Probe. Die Begierden tragen wesentlich zu einem vorzeitigen Tod, Krankheit und Niedergang bei. Ist es nicht ein befreiender Gedanke, sich klarzumachen, daß diese vorübergehenden Dinge uns im Jenseits nicht mehr belasten?
Im Jenseits werden wir nicht durch die Jagd nach vorübergehenden Vergnügungen aufgerieben. Der Geistkörper braucht nicht um irgend etwas zu kämpfen. Wenn wir in die himmlischen Reiche eingehen, sind wir frei von den Süchten und Anspannungen des physischen Lebens. Es wäre gut für uns, wenn wir gleich jetzt beginnen würden, positiv zu denken. Durch Hinauszögern gewinnen wir nichts.

Erst denken, dann handeln

In der physischen Welt ist es von Vorteil, wenn wir erst denken und dann handeln. Im Jenseits sind Gedanke und Handlung eins. Dort motiviert uns nicht materieller Gewinn. Wir brauchen nicht mit der ständigen Angst zu leben, daß wir etwas Falsches gesagt oder getan haben. Solche Irrtümer gehören in die physische Welt. Dies ist ein wesentlicher Bestandteil der himmlischen Glückseligkeit.

Gloria

Gloria ist vor kurzem ins Jenseits übergegangen. Ich saß am Computer und arbeitete, als das Telefon klingelte. Obwohl ich einen Anrufbeantworter habe und meist erst am Ende des Tages die Botschaften abhöre, veranlaßte mich irgend etwas, diesmal den Hörer abzuheben. Es war Glorias Sohn, der mir sagte, daß für seine Mutter das Ende nah war. Sie wollte auf Wiedersehen sagen. Sie war zu schwach, um den Hörer zu halten, deshalb hielt ihr Sohn ihn an ihr Ohr, und wir unterhielten uns.
Ich hatte sie 1987 in Santa Fe kennengelernt, und sie war eine herzliche, großzügige Freundin gewesen. Es ging ihr schon lange nicht gut, und sie hatte alles versucht, um ihre Gesundheit zu verbessern. Jetzt zeichnete sich ab, daß nichts ihr Leben verlängern würde; deshalb verabschiedete sie sich von den Menschen, die ihr nahestanden. Ihr Sohn, ein Arzt, tat alles medizinisch Mögliche, um ihr zu helfen, und hatte damit Frieden geschlossen, daß ihr Leben in Gottes Hand lag.
»Bitte, hab keine Angst, Gloria. Du bist nicht allein« war das erste, was ich ihr sagte.
»Ich habe keine Angst, aber ich glaube, ich bin nicht bereit, heute zu gehen«, flüsterte sie.
Dann fügte sie hinzu: »Ich wollte doch dein Buch über das Leben nach dem Tod lesen, bevor ich gehe.«
»Du weißt alles, was du wissen mußt, Gloria. Wir haben oft über all das gesprochen. Ich werde Weiße Feder bitten, bei dir zu sein.« Ich hielt die Tränen zurück und wünschte, ich könnte bei ihr sein.
»Würde er das für mich tun?« fragte sie ehrfürchtig.
»Natürlich, Gloria«, sagte ich.

»Mary, an was sollte ich denken, während ich darauf warte hinüberzugehen?«

»Gloria, du bist einer der nettesten Menschen, die ich je kennengelernt habe. Du hattest ein wunderschönes Leben. Denk einfach an die Schönheit, die im Jenseits auf dich wartet. Denk an die, die im Jenseits sind und die du vermißt hast. Sie werden an der Grenze auf dich warten, um dich zu begrüßen.«

Ihr Sohn kam an den Hörer zurück, denn seine Mutter war nicht in der Lage, länger zu sprechen. Er dankte mir und sagte, seine Mutter scheine mit sich im Frieden zu sein.

Ich saß still da und schickte Gedankenformen an meinen Geistführer, Weiße Feder. Ich bat ihn, zu Gloria zu gehen, da es sie sehr beruhigen würde. Als ich in stiller Kontemplation dasaß, hörte ich ihn sagen: »Ich bin jetzt bei ihr.«

Ich wurde ganz ruhig. Gloria würde spüren, daß Weiße Feder bei ihr war, und dies würde ihr bei ihrer Reise helfen. Wir kannten uns schon lange, und Gloria wußte von meinem Geistführer und hatte großen Respekt vor ihm. Sie würde beginnen, die andere Seite zu sehen, wenn sie mit ihrem Übergang von der Erde zum Jenseits beginnen würde. Sie würde problemlos und glücklich in die Welt der Gedanken eingehen.

Zwei Tage nach Glorias Übergang rief eine Freundin von mir an, Smitty, die Astrologin ist und in Napa Valley wohnt. (Ich hatte Gloria und ihre Tochter mit Smitty bekannt gemacht, und beide hatten sich von ihr das Horoskop deuten lassen.) Noch bevor ich Smitty von Glorias Übergang erzählen konnte, sprach sie. »Mary T., gestern war ein sehr großer, ernster Indianer hier,

der ganz in weiß gekleidet war. Ich spürte, daß er einer deiner Führer ist. Ich war mit einer Klientin zusammen, die sehr krank ist, und die Anwesenheit des Indianers hatte eine starke heilende Wirkung auf sie.«
Smitty war nicht überrascht, als ich ihr erklärte, daß Weiße Feder nach Kalifornien gegangen war, um Gloria zu sehen. Offenbar hat er bei seinem Aufenthalt dort zwei Freundinnen von mir besucht.

Visionen

Träume und Visionen unterscheiden sich dadurch, daß wir schlafen müssen, um zu träumen, während Visionen im Schlaf- und im Wachzustand zu uns kommen können. Ich habe verschiedene Arten von Visionen. Manche werden auf den »astralen Bildschirm« projiziert. Sie erscheinen dort sehr kurz, wie Blitze; manchmal bleiben sie auch länger. Es sind nicht immer Bilder von der anderen Seite. Zuweilen sind es Szenen aus dem Diesseits. So wird Medien Wissen vermittelt.
Diese Visionen setzen sich aus Gedankenformen zusammen, die mir als Bilder übermittelt werden. Gedankenformen können durch Worte, Bilder oder Töne übermittelt werden. Der Empfänger hat die Gabe, sich – ähnlich wie ein Radio – auf die Schwingung einzustellen.
Manche Visionen sehe ich vor meinem geistigen Auge. Es erzeugt Bilder im Gehirn. Diese Art der Vision unterscheidet sich von der vorigen dadurch, daß die Bilder nicht auf einen Bildschirm projiziert werden,

wodurch sie ein Leben außerhalb des Verstands erhalten. Alle Bilder sind das Ergebnis von Gedankenformen. Die Gedankenformen können mir von jemandem geschickt werden, oder ich kann mich durch Konzentration auf sie einstellen.

Botschaften senden und empfangen

Die Bewohner des Jenseits sind nicht immer nah genug, um unsere Gedankenformen aufzufangen. Meine Lehrer und die Seelen, die mich kontaktiert haben, verfolgen eine Absicht: Wenn sie mir Botschaften bringen, wollen sie, daß andere etwas lernen. Zwei Kategorien von Jenseitsbewohnern können Botschaften senden und empfangen: erstens die, die spirituell sehr weit entwickelt sind. Die »alte Dame« und Weiße Feder sind Beispiele für diese Boten aus dem Jenseits. Die andere Kategorie sind Seelen, die in erdnahen Bereichen bleiben. Dazu können sie verschiedene Gründe haben – Gedankenformen, die von Freunden oder Familienangehörigen aus Trauer, Wut oder Verlustgefühlen ausgesandt werden, können noch mit der Seele verbunden sein. Diese Gedankenformen halten die Seele davon ab, in Frieden zu ruhen, weil das Leid derer, die sie nicht loslassen können, sie zerreißt.

Luke

Ein Klient, Luke, kam mit einer schweren Depression zur Beratung. Er hatte seine Frau verloren und kam über den Verlust nicht hinweg.

Trauer ist normal und notwendig, aber bei Luke bestand die Gefahr, daß er aufgrund seiner überwältigenden Verzweiflung körperlich oder seelisch krank wurde. Er war bei einem Therapeuten gewesen und ging zu einer Selbsthilfegruppe für Leute, die einen geliebten Menschen verloren haben. Aber das alles gab ihm keinen Trost. Ein Freund schlug ihm vor, daß eine Beratung durch mich vielleicht hilfreich wäre.

Luke kam in meine Wohnung, setzte sich und begann zu weinen.

»Ich weiß einfach nicht, wie ich ohne sie weitermachen soll«, sagte er zwischen zwei Schluchzern.

Ich wartete ein paar Minuten und sagte dann: »Luke, ich weiß, daß Sie sich leer und einsam fühlen, aber Sie müssen einsehen, daß Ihre Frau keinen Frieden finden kann, wenn Sie so unglücklich sind. Sie spürt Ihre Gedankenformen und kann kaum etwas für Sie tun. Wollen Sie ihr nicht helfen? Ich weiß, es ist nicht einfach, aber es ist ein Beweis der Liebe, wenn wir die, die wir lieben, loslassen. Bitte mißverstehen Sie mich nicht; es ist nicht so, daß ich Ihren Schmerz nicht verstehe. Ich möchte nur, daß Sie Ihrer Frau helfen, in Frieden zu ruhen.«

Luke hatte mir zugehört und hörte einen Augenblick auf zu weinen.

»Stimmt es, daß meiner Frau meine Trauer nicht recht sein kann? Ich dachte, daß alles vorbei wäre, wenn man tot ist.«

»Luke, Ihre Frau kann Gedankenformen, die so stark sind wie Ihre, im Jenseits empfangen. Das bedeutet nicht, daß sie erdgebunden ist. Der Schleier zwischen den Welten ist sehr dünn. Intensive Gedanken können diesen Schleier durchbrechen und von einer Seele im Jenseits aufgegriffen werden.«

Luke saß einen Augenblick still da und sagte dann: »Ich glaube Ihnen nicht.«

Seine Zweifel waren normal. Die Menschen können nur schwer glauben, was sie mit ihren Augen nicht sehen. Die Trauer machte ihn noch blinder. Seine Wut und sein Verlust trübten seinen Glauben.

Ich sah Luke an und empfand viel Sympathie, als ich eine Präsenz im Raum spürte. Ein kühler Lufthauch sagte mir, daß ein Besucher von der anderen Seite da war. Vor meinem geistigen Auge sah ich eine Frau, die so aussah, als wäre sie ungefähr vierzig Jahre alt; sie hatte eine dicke Mähne roter Haare und hielt eine Kerze in der Hand. Eine Stimme in meinem Kopf sagte ganz deutlich: »Luke, sei nicht traurig. Ich lasse die Kerze an, bis du zu mir kommst. Es geht mir gut, und es ist schöner hier, als du dir vorstellen kannst. Denk nicht so ärgerliche Gedanken, sie hindern dich am Glücklichsein. Wenn ich weiß, daß es dir so elend geht, fällt es mir schwer, mich zu freuen.«

Ich gab diese Botschaft an Luke weiter, der sichtlich erschüttert war. Er sagte mir, er und seine Frau hätten immer eine Kerze brennen lassen, bis sie beide zu Hause waren. Es hatte als romantisches Ritual begonnen und war zu einer Gewohnheit geworden. Luke betonte, daß niemand davon wußte.

»Luke, wenn Ihre Frau Ihnen nicht eine Botschaft geschickt hätte, die eindeutig Sie betrifft, hätten Sie wohl kaum geglaubt, daß sie im Jenseits lebt.« Ich machte eine Pause.

Luke jedoch wurde mißtrauisch: »Woher wissen Sie das?«

»Es gehört zu meiner medialen Begabung. Sie haben sich das Recht verdient, eine Botschaft von Ihrer Frau zu bekommen, und Ihre Gedankenformen haben sie heute hierhergeführt. Ich war der Kanal, der ihre Gedankenformen aus dem Jenseits empfing. Es ist ziemlich einfach, auch wenn die Leute es nur schwer akzeptieren können. Nicht ich habe das getan. Ihre Frau hat beschlossen, die Botschaft zu senden. Ich würde nie versuchen, irgend jemanden auf die irdische Sphäre zurückzuziehen. Ich halte das für lieblos. Sie sollten dankbar sein. Es gibt nur wenige Menschen, die das Glück haben, eine Botschaft von der anderen Seite zu erhalten.« Ich hielt inne.
Als Luke ging, war er wütend. Er fragte immer wieder, wie ich von der Kerze wissen konnte. Ich hatte diesen Mann noch nie zuvor gesehen und konnte mich nicht an den Freund erinnern, der ihn an mich verwiesen hatte. Ich bin seit über zwölf Jahren als Beraterin tätig, und ich kann mich unmöglich an jeden Klienten erinnern. Luke wollte immer noch physikalische Erklärungen für Dinge, die spiritueller Art waren. Er konnte diese schöne Botschaft nicht dankbar akzeptieren. Er tat mir leid. Mit derart negativen Gedanken würde sein Leben schwierig bleiben. Ich hatte getan, was ich für notwendig hielt. Zumindest konnte seine Frau nun in Frieden ruhen. Sie würde die Kerze in ihrem Herzen brennen lassen, bis sie wieder zusammen waren. Dann würde Luke seine Antwort bekommen.

Wie Sie Ihr Leben ändern können

Wir können unsere Welt verändern, wenn wir anders denken. In der Welt des Geistes zählt nur die Macht der Liebe.
Der Himmel ist die Ebene der bewußten Liebe, die durch das Denken aufgebaut wird. Unser Denken formt unsere Welt. Positives Denken heilt immer. Sie bauen Gedankenformen auf, die bei Ihnen bleiben, auch wenn Sie den Körper abgelegt haben.
Obwohl das Karma viele Umstände unseres Lebens bestimmt, gibt es auch viele Situationen, die verändert werden können, wenn wir unser Denken ändern.

Vicky

Eine Klientin namens Vicky kam zum drittenmal zu mir. Das letztemal hatte ich sie vor anderthalb Jahren gesehen. Sie war ein völlig anderer Mensch geworden. Ich erkannte sie überhaupt nicht wieder. Sie hatte zwanzig Pfund abgenommen, eine neue Frisur und eine andere Art. Ich sagte, daß sie wie ein anderer Mensch aussehe.
»Erinnern Sie sich an das letztemal, als ich hier war?« fragte sie.
»Ich erinnere mich, daß Sie sehr depressiv waren, sich negativ und hoffnungslos fühlten und wütend auf mich wurden.«
»Sie haben mir gesagt, ich solle mit meinem Selbstmitleid aufhören, denn ich hätte keine Probleme, die nicht gelöst werden könnten.« Sie lachte.
»Sieht so aus, als wären Sie meinem Rat gefolgt.«

Vicky war damals wütend und frustriert von mir weggegangen; sie dachte, ich hätte keine Antenne für ihre Bedürfnisse. Ich hatte ihr gesagt, daß sie ihr Denken ändern müßte, um ihre Welt zu ändern. Sie sollte jeden Morgen beim Aufwachen ein paar Minuten an all das denken, wofür sie dankbar sein konnte. Es erschien ihr unglaublich abgedroschen, aber irgend etwas zwang sie, es auszuprobieren.

Sie arbeitete hart daran, positiv statt selbstmitleidig zu denken und die Probleme anzugehen. Allmählich begann ihr Leben sich zu wandeln. Dinge, die ihr sehr schwierig vorgekommen waren, wurden einfacher. Zum Beispiel war es ihr immer sehr schwer gefallen, Diät zu halten, und plötzlich war es kein Problem mehr. Sie wollte einfach gut zu ihrem Körper sein, anstatt ihn durch zuviel Essen ständig zu mißbrauchen, und das Gewicht begann zurückzugehen. Sie dachte sich einen kleinen positiven Spruch für sich aus: »Alles, was zu mir gehört, kommt zu mir. Ich muß der beste Mensch sein, der ich heute sein kann.« Und wenn die Situation schwierig wurde, wiederholte sie dieses Motto.

Nicht nur Vickys körperlicher Gewichtsverlust war offensichtlich, vor allem der »spirituelle Gewichtsverlust« hatte sie verändert. Sie hatte das Gewicht ihres negativen Denkens mit sich herumgetragen, und jetzt war diese Last abgelegt.

Alles in ihrem Leben war besser. Sie war begeistert.

Sie hatte keine Zeit damit vergeudet, um bestimmte Dinge zu bitten. Sie hatte sich darauf konzentriert, die beste Vicky zu sein, die sie sein konnte.

Die Kraft der Gedanken

Jeder von uns kann sein Leben und die Menschen in seiner Umgebung durch positive Denkgewohnheiten stark beeinflussen. Diese Gewohnheiten gehen mit uns in den Tod und helfen uns, leicht hinüberzugehen.

In der Bibel steht: »Wie der Mensch denkt in seinem Herzen, so ist er.« Dies sagt uns, daß unser Leben stark durch unsere Gedanken beeinflußt wird. Wir sind eine Synthese unserer Gedanken aus diesem und den vergangenen Leben. Wir kommen mit den Gedankenmustern aus unseren vergangenen Leben auf die Erde zurück, und diese bilden die Grundlage für die Ereignisse dieses Lebens. Wir bringen weder unseren Körper noch unser Bankkonto aus früheren Leben mit, sondern nur unser Karma, welches durch das entsteht, was wir aufgrund unserer Denkgewohnheiten tun. Unser Charakter stellt die Gesamtsumme unserer Gedanken dar. Wir kommen im Jenseits mit dem Charakter an, den wir von der Erde mitgebracht haben.

Ich habe Lawrence einmal gefragt: »Wie können wir uns am besten auf den Übergang auf die andere Seite vorbereiten?«

Er sagte: »Du bereitest dich auf das Sterben vor, indem du während deines Lebens richtig denkst.

Du kannst dich auf den Tod vorbereiten, wie du dich auf den Schlaf vorbereitest. Der Unterschied zwischen den beiden ist gering. Wenn du schläfst, wachst du auf dieser Seite auf, wenn du stirbst, auf der anderen Seite.

Um nachts gut zu schlafen, solltest du alle Wut, alle Negativität loslassen. Schlaf nie ein, ohne jedes

Unrecht vergeben zu haben, das dir angetan wurde. Schlaf nie ein, ohne für all die Freuden des Lebens dankbar zu sein. Beobachte deine Gedanken, und konzentriere sie auf schöne Dinge. So wachst du erfrischt auf. Deine Gedanken sind während des Schlafs lebendig, und ihre Kraft wird verstärkt, während du wach bist.

Wenn du in Frieden schlafen kannst, kannst du in Frieden sterben.

Entscheidend ist, wie du denkst.«

VII. Hilfe beim Trauern

Als mein Freund Nicky hinüberging, habe ich viel geweint. Ich war sehr froh, daß er keine Angst mehr hatte und ihm nichts mehr weh tat, aber ich vermißte ihn. Noch mindestens sechs Monate nach seinem Übergang ertappte ich mich dabei, daß ich zum Telefonhörer griff und ihn anrufen wollte – und dann daran dachte, daß er nicht mehr da war. Wir alle, die wir ihn gern gehabt hatten, halfen einander, mit dem Verlust fertig zu werden. Wir sprachen über ihn und darüber, was er uns bedeutet hatte. Wir unterdrückten unsere Gefühle nicht; wir weinten zusammen, und manchmal lachten wir. Wir hatten wunderschöne Erinnerungen an Nicky, viele rührende und genauso viele lustige. Die Zeit trug dazu bei, den Schmerz über seinen Verlust zu heilen.

Die Trauer ist ein unvermeidlicher Bestandteil des Lebens. Trauern ist schmerzlich und äußert sich nicht immer rational. Manchmal haben wir das Gefühl, als wäre unsere Trauer abgeklungen, und dann kommt der Schmerz ohne Vorwarnung zurück. Er taucht auf, wenn wir einen Film oder ein Theaterstück sehen oder ein vertrautes Lied hören. Noch Monate nach Nickys Übergang kam der Kummer über seinen Verlust wieder, wenn ich sein Lieblingslied im Radio hörte.

Nicky war zu einem besseren Leben weitergegangen, aber in meinem hatte er eine Leere hinterlassen. Seine Schwester schickte mir einen seiner Lieblingsgegenstände, eine goldene Feder. Nicky hatte von Weißer Feder gewußt und die Feder als respektvollen Dank an seine Spiritualität gekauft. Ich hielt diesen

Gegenstand in den Händen, der Nickys Schwingung vermittelte, und weinte wieder.

Die Trauer ist ein wichtiger, aber schwieriger Lehrer. Sie ist eine Schlacht, die wir schlagen müssen. Sie kann durch Reden, Weinen, die Zeit und gegenseitige Hilfe gewonnen werden. Der Trauerprozeß verlangt, daß wir über die Vergänglichkeit des physischen Lebens nachdenken. Uns wird klar, daß wir niemanden besitzen können und daß von uns verlangt wird, auf Wiedersehen zu sagen.

Ich weinte nicht wegen Nicky; ich weinte, weil ich und alle, die ihn vermißten, etwas verloren hatten.

Wir müssen unsere Trauer zulassen. Wenn wir unsere Trauer, unsere Verletztheit und unsere Wut nicht äußern, kann es sein, daß wir depressiv werden. Wenn wir unsere Gefühle unterdrücken, gehen sie nicht weg: Sie erheben ihr wütendes Haupt, egal, wie sehr wir versuchen, sie zu vermeiden.

Wie lange jemand zum Trauern braucht, ist unterschiedlich. Wir müssen Geduld haben mit Menschen, die an ihrem Kummer tragen. Wenn der Trauerprozeß zu lange zu dauern scheint, ist man leicht versucht zu sagen: »Das Leben geht weiter, du hast lange genug getrauert.« Eine solche Einstellung zum Schmerz anderer kann dazu führen, daß der Hinterbliebene sich noch verzweifelter und einsamer fühlt.

Vielleicht ist es uns auch unangenehm, Zeuge der tiefen Trauer anderer zu sein, denn oft fühlen wir uns hilflos, wenn wir mit dem Leid eines Freundes konfrontiert werden. Wir meiden ihn, weil wir nicht wissen, wie wir uns verhalten sollen.

Es ist immer hilfreich, einem Trauernden zuzuhören.

Er muß über seinen Schmerz sprechen, um ihn loszulassen. Es wäre gut, wenn wir oft mit ihm zusammen sind. Unter Umständen hat er nicht die Kraft, uns um Hilfe zu bitten; deshalb sollten wir dafür sorgen, daß sie ihm leicht zur Verfügung steht.
Wir haben eine gute Gelegenheit, anderen zu dienen, indem wir für sie da sind, wenn sie trauern. Sie werden uns zeigen, wie wir ihnen helfen können. Wir müssen für ihre individuellen Bedürfnisse offen sein.
Manche unserer trauernden Freunde brauchen es vielleicht, daß wir still neben ihnen sitzen; andere müssen weinen oder zum Abendessen mitgenommen werden. Haben Sie keine Angst, auf sie zuzugehen. Ihre Liebe und Ihre Anteilnahme werden mit Sicherheit geschätzt.
Ein starker, ehrfürchtiger Glaube an das Leben nach dem Tod und die Reinkarnation ist der beste Schutz vor übermäßiger Trauer. Das Wissen, daß unsere gramvollen Gedankenmuster die uns nahestehenden Menschen stören können, sollte uns davon abhalten, zu lange an unserer Trauer festzuhalten.
Wir alle vermissen die, die wir lieben, und wünschen, sie könnten hier auf Erden bei uns sein. Für uns alle ist es schwierig, auf Wiedersehen zu sagen, auch wenn wir wissen, daß es nicht für immer ist.
Wenn wir überzeugt sind, daß es den Tod nicht gibt, können wir kaum längere Zeit an unserer Trauer festhalten. Es ist, als würden wir unbeherrscht schluchzen, weil ein Freund in Ferien fährt.
Meine Begabung, durch die ich die andere Seite sehen und Botschaften von Verstorbenen empfangen kann, hat mir und anderen geholfen, den Vorgang des Hinübergehens zu verstehen. Aufgrund dieser Gaben

habe ich vor dem Tod keine Angst mehr, aber sie schützen mich nicht vor menschlichen Gefühlen.
Mein Leben wurde durch viele Menschen, die hinübergegangen sind, sehr bereichert. Ich denke oft an sie. Durch ihr Dasein haben sie die Welt zu einem besseren Ort gemacht. Ich versuche, mein Leben als Huldigung an sie zu leben. Ich gehe mit dem Übergang von Freunden so um, wie ich wünsche, daß man mit meinem umgeht. Ich weine, weil ich sie vermisse, und dann lasse ich sie los. Es ist ein Kompliment, wenn man vermißt wird, denn es bedeutet, daß man das Leben anderer beeinflußt hat. Aber es würde mir das Herz brechen, wenn jemand Zeit und Energie darauf verwendete, um meine Sterblichkeit zu trauern.
Der Dienst am Nächsten ist ein gutes Mittel gegen den Schmerz. Wir können die, die wir vermissen, nicht körperlich zu uns zurückbringen, aber wir können ihr Andenken in Ehren halten, indem wir anderen helfen. Daß das Leben für uns weitergeht, bedeutet nicht, daß wir dem Verstorbenen untreu sind. Wir können dem Andenken an die, die wir lieben, treu sein und trotzdem unser Leben weiterleben.
Der Tod ist ein vorübergehender Abschied. Wir werden mit denen, die wir lieben, wieder vereint. Die Erinnerung an sie müssen wir durch unsere Leidenschaft für das Leben wachhalten. Jeder Augenblick auf der Erde bietet uns die Möglichkeit, jemandem zu helfen.

Miriam
Miriam hatte ihren Mann verloren und ging eine Woche später wieder zur Arbeit. All ihre Freundinnen sagten, es wäre zu früh, und kritisierten

sie; sie meinten, sie wäre dem Andenken an ihren Mann untreu. Miriam kümmerte sich nicht um das Gerede. Sie hatte im Traum eine Botschaft von ihrem Mann Lou erhalten.

»Es war so real, daß ich beim Aufwachen dachte, Lou wäre bei mir im Zimmer. Als ich den Traum hatte, war er seit ungefähr zwölf Stunden gegangen. Er war in Licht gehüllt und sah sehr glücklich aus. Vor seinem Übergang war er sehr krank gewesen, und jetzt schien er völlig gesund zu sein. Er sagte mir, er wäre gekommen, um mir zu helfen, denn er hätte meinen Kummer und meinen Schmerz gespürt. Er machte mir klar, daß es nicht notwendig sei, um ihn zu weinen, und daß wir im Jenseits wieder zusammenkommen würden. Er sagte mir, ich solle mein Leben weiterleben. Er könnte nicht glücklich sein, wenn er wüßte, daß ich depressiv bin.«

Dieses Erlebnis überzeugte Miriam davon, daß sie ihr Leben weiterleben konnte und sollte. Sie kümmerte sich nicht um die Meinung ihrer Freundinnen. Sie dachte vor allem an Lous Glück. Dadurch fand auch sie ihren Seelenfrieden.

Ohne Bedauern leben und sterben

Cindy

Als Cindy zu mir kam, sah sie sehr depressiv aus. Ihr Vater war vor einem Jahr hinübergegangen, und ihr Schmerz darüber hatte nicht nachgelassen. Sie schluchzte, als sie über seinen Tod sprach.

Cindys Vater hatte sich kurz nach der Scheidung von Cindys Mutter wieder verheiratet. Obwohl es eine Scheidung im beiderseitigen Einvernehmen gewesen war, hatte Cindy ihm nie verziehen, daß er die Ehe beendet hatte. Ihr Vater und ihre Stiefmutter taten alles ihnen Mögliche, um Cindy zu zeigen, daß sie sie liebten, aber Cindy blieb wütend und vorwurfsvoll. Sie war hart zu ihrem Vater und zu seiner neuen Frau. Als er im Krankenhaus im Sterben lag, weigerte sie sich, ihn zu besuchen, obwohl er immer wieder nach ihr fragte. Jetzt bedauerte sie ihr Verhalten und hatte enorme Schuldgefühle.

Sie ging dreimal wöchentlich zur Therapie, aber die Schuldgefühle blieben. Ihr Verhalten wurde selbstzerstörerisch. Sie begann, zuviel zu trinken, und blieb unentschuldigt der Arbeit fern.

Ich versuchte, Cindy klarzumachen, daß sie sich selbst verzeihen mußte. Das letzte, was ihr Vater wünschen würde, war, daß sie wegen vergangener Fehler litt. In seiner Seligkeit verstand er Cindys Verhalten. Aber es war schwer, zu ihr durchzukommen.

Als ich schon aufgeben wollte, sah ich Weiße Feder neben Cindy stehen. Er war gekommen, um mir zu helfen. Der »astrale Bildschirm« erschien vor mir, und ich sah Cindys Vater. Ich beschrieb ihn Cindy in allen Einzelheiten.

Über seinem Kopf schwebte ein gelber Drachen. Ich sollte Cindy sagen, daß er sie liebte und ganz glücklich damit sei, seinen gelben Drachen steigen zu lassen. Er betonte, daß es ihm Frieden geben würde, wenn sie ihre Schuldgefühle losließe. Das Bild verblaßte, und Weiße Feder ging.

Cindy war schockiert. Im Jahr vor der Scheidung ihrer

Eltern hatte sie ihrem Vater den gelben Drachen zum Vatertag geschenkt. Der Tag, an dem sie und ihr Vater den Drachen hatten steigen lassen, gehörte zu ihren glücklichsten Erinnerungen. Die Botschaft bestätigte, daß es ihrem Vater gutging und er sie liebte. Sie trug dazu bei, daß sie begann, sich selbst zu verzeihen.
Ein Jahr später kam Cindy noch einmal zu einer Beratung. Mit Hilfe der Therapie hatte sie ihren Selbsthaß aufgeben können, und die Depression war vergangen. Sie hatte Frieden mit ihrer Stiefmutter geschlossen und sogar festgestellt, daß sie sie mochte.
Sie war immer noch traurig über ihr früheres Verhalten, aber die starken Schuldgefühle waren durch Verständnis ersetzt worden. Sie empfand nicht mehr das Bedürfnis, ihre vergangenen Fehler zu beklagen.

Die Jagd nach materiellem Gewinn

Viele Menschen kämpfen auf Leben und Tod um materiellen Gewinn. Die Jagd nach Geld wird für sie so allgegenwärtig, daß für ein spirituelles Leben kein Platz mehr bleibt. Sie rasen durch das Leben, immer in Eile, und fragen sich, wo die Zeit geblieben ist.
Wie oft haben wir den Ausdruck gehört, daß jemand sich zu Tode gearbeitet hat? Beispielsweise mein Klient Steve, der an Krebs starb. Er hatte sein ganzes Leben damit zugebracht, Reichtum und Macht anzuhäufen, und gönnte sich nie einen Augenblick Muße, um die Früchte seiner Arbeit zu genießen.
Wir müssen arbeiten, um zu leben, aber wir sollten an das Gleichgewicht denken. Unser Leben vergeht wie

im Flug, weil wir zu beschäftigt sind, um es zu genießen. Dies ist ein Hauptgrund für die Trauer und das Bedauern, das viele Menschen empfinden, wenn sie auf dem Totenbett liegen. Sie beklagen die Entscheidungen, die sie getroffen haben.
Im Urlaub beispielsweise haben wir Zeit für mehr Muße. Wenn die Pflichten des Alltags uns nicht belasten, sieht das Leben einfacher aus. Wir machen uns nicht ständig Sorgen, wir können uns freuen. Wir genießen unsere Erfahrungen und bekommen wieder eine Ahnung von den Wundern, die das Leben zu bieten hat.
Wir brauchen nicht zu warten, um all das zu schätzen, was das Leben uns gibt.

Steve
Steve ging hinüber, weil er Krebs hatte. Als ich ihn im Krankenhaus besuchte, war er wütend und jammerte über all das, was er nicht getan hatte, aber immer hatte tun wollen.
»Ich habe zwölf Stunden am Tag gearbeitet, um Geld zu verdienen. Ich wollte meine Freizeitträume realisieren, sobald ich Zeit dafür hatte. Meine Söhne meinten, ich solle doch auf Reisen gehen, aber ich wollte die Arbeit nicht im Stich lassen. Ich hatte furchtbare Angst, daß ich ein großes Wertpapiergeschäft verpassen und Geld verlieren würde. Warum hat niemand mich gestoppt und mir gesagt, ich solle jetzt sofort leben? Ich habe meine Familie vernachlässigt, weil Geld und eine gesellschaftliche Stellung meine Ziele waren. Jetzt habe ich eine Menge Geld und nicht mehr genug Zeit zum Leben, um es auszugeben.«
Er klagte darüber, wie er gelebt hatte.

Clare

Meine Freundin Clare, die an einem Gehirntumor starb, sagte auf ihrem Totenbett: »Ich kann nicht glauben, wieviel Zeit ich damit vergeudet habe, mir über Dinge Sorgen zu machen, die jetzt unwichtig erscheinen. Ich sehnte mich verzweifelt nach der Bestätigung anderer und machte mir ständig Sorgen, daß ich nicht erfolgreich genug wäre. Ich habe meine Gesundheit vernachlässigt, denn ich wollte nicht aufhören zu arbeiten, um mich einer eingehenden ärztlichen Untersuchung zu unterziehen. Ich dachte, Geld und ein gesellschaftlicher Rang wären ausschlaggebend dafür, daß ich respektiert werde. Jetzt, wo ich dem Tod ins Auge sehe, trauere ich um mein Leben.«

Diana

Diana wurde gesagt, daß sie unheilbaren Krebs hatte. Die Ärzte gaben ihr noch sechs Monate zu leben. Sie nahm die Nachricht sehr würdevoll entgegen und beschloß, in der Zeit, die sie noch hatte, alles zu tun, was sie gerne tat. Diana war eine Arbeitssüchtige gewesen, der es immer schwergefallen war, Urlaub zu machen. Erst als sie hörte, daß sie bald sterben würde, begann sie, das Leben zu genießen; sie reiste mit ihrer Schwester nach Europa und tat andere Dinge, für die sie sich vorher nie die Zeit genommen hatte. Rückblickend hätte sie ihr Leben anders gelebt. »Ich habe nichts getan als gearbeitet, im Büro Überstunden gemacht und abends zu Hause gearbeitet. Ich muß ein ziemlich langweiliger Mensch gewesen sein: Mein einziges Gesprächsthema war die Arbeit. Deshalb war mein Leben eine einzige Hetzjagd. Ich habe

mir nie Zeit dafür genommen, mich zu amüsieren oder meine spirituellen Überzeugungen zu vertiefen. Jetzt bedaure ich das sehr. Bitte sagen Sie den Leuten, daß Geld und Erfolg zwar ganz schön, aber nicht alles im Leben sind; sie sollten nicht erst zu leben beginnen, wenn sie am Sterben sind ...«
Es brach mir das Herz, den Schmerz zu sehen, den diese Menschen auf ihrem Totenbett empfanden. Ihr Kummer war eine Folge der Entscheidungen, die sie während ihres Lebens getroffen hatten. Die Arbeit ist ein wichtiger Bestandteil unseres Lebens, aber die Jagd nach Geld und Macht läßt nichts als eine schreckliche Leere in uns zurück.
Kurz nach Dianas Übergang hatte ich mit Lawrence eine Unterhaltung über die Tragödie, im Leben etwas zu verpassen. Er sagte: »Die Sucht, Reichtum anzusammeln, läßt uns wenig Zeit zur Muße. Der moderne Mensch könnte aus dem Studium anderer Kulturen, in denen die Menschen einfach und bescheiden leben, viel lernen. Sie sind mit einem Lebensstil zufrieden, den wir für Armut halten würden. Denk einmal daran, wieviel Zeit und Geld der moderne Mensch nur allein darauf verwendet, seine Wohnung mit allen möglichen Dingen auszustatten und zu pflegen. Es ist traurig, daß er den größten Teil seiner Energie dazu benutzt, Geld zu verdienen, damit er sich Dinge kaufen kann, die er nicht braucht. Ein einfacheres Leben ist ein glücklicheres Leben.«
Ich dachte an meine Klientin Diana, als ich mich an Lawrence' Worte erinnerte. Leider hatte sie erst spät im Leben gelernt, daß Geld nicht glücklich macht. Sie hatte den größten Teil ihrer Zeit damit verbracht, Geld zu verdienen, um vergängliche Dinge zu kaufen. Die einfa-

chen Dinge im Leben – ein Spaziergang auf dem Land, eine gute Unterhaltung mit einer Freundin – sind nicht teuer. Leider schätzen die meisten Leute diese Tatsache erst, wenn sie im oder kurz vor dem Jenseits sind.

Lawrence hilft einer trauernden Mutter

Eine Klientin von mir hatte durch einen tragischen Unfall ihre zwölfjährige Tochter verloren. Sie war gestorben, als sie mit ihrem Fahrrad von einem Auto angefahren wurde. Der Verlust eines Kindes gehört sicher zu den schmerzlichsten Erlebnissen, die jemand haben kann.
Martha jedenfalls war untröstlich. Sie brauchte Liebe und Unterstützung, und sie brauchte Zeit. Ihre Wunde war tief, und es würde keine Möglichkeit geben, das Trauern schnell zu überwinden. Martha litt unter der Schuld der Überlebenden. Sie konnte nicht verstehen, warum sie noch lebte und ihre Tochter Beatrice nicht mehr da war.
Der Kummer nahm Martha ihren Lebenswillen. Sie hatte keine Hoffnung mehr und meinte, der Schmerz würde nie vergehen. Ihr Mann machte sich große Sorgen; er hielt sie für selbstmordgefährdet. Er mußte mit seinem eigenen Schmerz fertig werden, aber er war wieder zur Arbeit gegangen und trieb Sport, um seine Unruhe aufzufangen. Martha brachte es nicht fertig, irgend etwas zu tun, außer einmal in der Woche zur Therapie zu gehen. Ihr Mann ging mit ihr, aber ihr tiefer Schmerz machte ihm angst.
In dieser Zeit begegnete ich Lawrence. Er stand vor

einem Kartengeschäft in Greenwich Village. Ich war in Gedanken versunken und sah ihn zunächst nicht; erst als er sich räusperte, sah ich auf und blickte in sein lächelndes Gesicht. Wir gingen ein paar Häuserzeilen weiter und machten dann halt, um zu Mittag zu essen. Wir gingen in ein Restaurant und bestellten Suppe und Salat. Ich erzählte Lawrence von meiner Sorge um Martha. Er hörte aufmerksam zu, und ich sah, daß er Marthas Schmerz verstand.

»Dies ist für deine Freundin eine wichtige Prüfung. Es sieht so aus, als könne sie sie unmöglich bestehen. Es ist wichtig, daß du so oft wie möglich mit ihr zusammen bist. Die Menschen brauchen nicht allein zu trauern. Sie müssen mit anderen über ihre Gefühle sprechen. Nur die Zeit und das Wissen werden dazu beitragen, daß für deine Freundin das Leben weitergeht. Sie glaubt an die Unsterblichkeit des Geistes, aber in der Konfrontation mit der Realität wird ihr Glaube erschüttert. Was nützen Ideen, wenn sie uns in Zeiten, in denen wir geprüft werden, keinen Trost geben?

Wahre Liebe ist nicht besitzergreifend. Die Eltern erschaffen den Körper ihres Kindes, nicht seine Seele. Das Kind ist nicht ihr Besitz. Es wird ihnen erlaubt, kurze Zeit über ihr Kind zu wachen, und dann ist es in den Händen der Herren über das Karma.

Martha ist nicht bereit loszulassen. Nur wenige Menschen können geliebte Verstorbene leicht loslassen, denn dies erfordert, daß sie vom Leben nach dem Tod fest überzeugt und völlig selbstlos sind. Deine Freundin muß Möglichkeiten finden, anderen zu dienen. Dies ist das beste Mittel gegen ihren Schmerz. Sie braucht Hilfe, damit sie anderen helfen kann. Es ist zuviel auf sie eingestürmt, als daß sie den Weg allein

finden könnte. Du, mein Kind, kannst sie auf einen passenden Weg des Dienens führen. Sie ist in ihr Leid versunken, und wir müssen ihr den Tunnel zeigen, der zum Licht führt. Ihr Schmerz wird erst geringer werden, wenn sie in der Lage ist, auf einen anderen notleidenden Menschen zuzugehen. Damit möchte ich nicht ihr Bedürfnis zu trauern kritisieren.
Hat der große Meister nicht gesagt: ›Selig die Trauernden, denn sie werden getröstet werden‹?
Ich möchte hinzufügen ›Selig die Dienenden, denn ihnen wird gedient werden.‹ Das Dienen ist der Weg, um Trost zu geben und zu empfangen.«
Wir verließen das Restaurant. Während ich Lawrence weggehen sah, dachte ich über seine Worte nach. Ich mußte mir überlegen, wie ich Martha helfen konnte, ihren Lebenswillen wiederzufinden. Ihr Schmerz hatte sie so gepackt, daß sie es allein nicht konnte.
Als ich zu meiner Wohnung zurückging, fand ich die Antwort.
Sara, ein Mädchen aus meiner Nachbarschaft, grüßte mich. Ich sah sie an und erkannte, daß sie die Lösung war, um Martha zu helfen. Sie war eine reizende Dreizehnjährige, die vor zwei Jahren ihre Mutter verloren hatte. Jeder in meiner Straße kannte sie, und uns allen tat ihr Verlust sehr leid. Ihr Vater war ein netter Mann; er hatte Sara die Liebe und Stabilität gegeben, die ihr über den Tod der Mutter hinweggeholfen hatten.
Ich erzählte Sara von Martha. Sie hörte mit einem für ihr Alter erstaunlichen Verständnis zu und sagte, daß sie Martha gerne kennenlernen würde. Ich konnte ein Treffen arrangieren.
Es war schwierig, Martha dazu zu bringen, mit mir zu

Sara zu gehen. Aber ich war so ungestüm, daß Martha meinem Drängen schließlich nachgab. Ich wußte, daß das, was ich tat, riskant war. Martha könnte auf die Begegnung mit diesem mutterlosen Kind negativ reagieren. Aber ich dachte an Lawrence' Worte: »Du mußt für deine Freundin eine Möglichkeit finden, jemandem zu helfen«, also setzte ich mein Vorhaben in die Tat um.

Ich klingelte bei Sara, und sie ließ uns herein. Martha wußte nicht, was auf sie zukommen würde. Wir gingen hinein; ich machte die beiden miteinander bekannt und erzählte Martha von Saras Verlust. Martha sagte nichts. Sara ging zu Martha hinüber und nahm ihre Hand. Es war, als wäre sie die Mutter und Martha das Kind. Sie führte Martha zum Sofa, wo sie sich nebeneinander hinsetzten. Sie legte den Arm um Martha und sagte ihr, es tue ihr sehr leid, daß sie ihre Tochter verloren habe.

Martha sagte immer noch nichts. Ich begann mich zu fragen, ob ich die falsche Entscheidung getroffen hatte. Dann legte Martha ganz langsam ihr Hand auf Saras Kopf und begann, ihr übers Haar zu streichen. Sara reagierte, indem sie ihren Kopf in Marthas Schoß legte. Martha entspannte sich und schluchzte. Sara wiederholte immer wieder, daß alles in Ordnung kommen würde. Nach ein paar Minuten trocknete Martha sich die Augen und fragte Sara, wie sie sich fühlte. Sara erzählte Martha von ihrem Verlust.

Lawrence hatte Martha durch seine große Weisheit geholfen. Sie mußte zu einem Menschen gebracht werden, der sie brauchte. Zuerst half Sara Martha, und dann kehrten sich die Rollen um. Martha geht es jetzt sehr viel besser. Sara und Martha sind gute Freunde geworden. Sie vermissen zusammen die Menschen, die sie lieben.

Veränderung

Der Tod bedeutet für den, der hinübergeht, und für die, die zurückbleiben, eine Veränderung. Veränderungen sind für die meisten von uns schwierig, können uns aber auch stark machen. Die Natur läßt nicht zu, daß wir stagnieren. Sie bietet uns Gelegenheiten, durch Veränderungen zu wachsen. Der Tod ist eine sehr elementare Veränderung. Er versetzt uns in eine feinere, friedlichere Welt.
Wir sind nicht immer auf eine Veränderung vorbereitet, und wenn sie dann eintritt, überrumpelt sie uns oft. Wir dürfen mit unserem Leben nicht so zufrieden sein, daß wir uns auf eine Veränderung nicht mehr einstellen können. Wir müssen akzeptieren, daß Veränderungen unvermeidlich sind, und die Gelegenheit beim Schopf packen, vor die sie uns stellen.

Paul
Paul hat die Frau verloren, mit der er dreißig Jahre lang verheiratet war. Sie waren unzertrennlich gewesen. Nachdem er sein Leben lang hart gearbeitet hatte, ging er in den Ruhestand und freute sich darauf, mit seiner Frau auf Reisen zu gehen. Aber als alle Pläne fertig waren, wurde sie krank und ging schnell hinüber. Pauls ganze Welt lag in Trümmern, und er wußte nicht, wie er mit der Veränderung zurechtkommen sollte.

Paul hatte nie versucht, Freundschaften zu schließen. Er war nicht jemand, der auf Menschen zuging. Seine Frau war die ganze Gesellschaft, die er brauchte. Es war Paul nie in den Sinn gekommen, daß sein Leben sich ändern könnte. Jetzt stand er vor einer schwierigen Prüfung.
Er überraschte jeden. Sein Bruder hatte erwartet, daß Paul sich hinlegen und mit seiner geliebten Frau sterben würde. Statt dessen zeigte er eine andere Seite von sich. Er begann jeden Tag mit Leidenschaft zu leben. Er schloß sich verschiedenen Gruppen und Clubs an und begann, Freundschaften zu schließen. Er nahm Kunstunterricht und begann zu malen – alles Dinge, die er immer hatte tun wollen. Er akzeptierte seinen Verlust mit Würde; sein Leben ging weiter. Er sagte mir, daß er seine Frau vermißte. Er dachte jeden Tag an sie. Aber er hatte das Gefühl, daß sie sich wiedersehen würden. Im Augenblick tat er alles in seiner Kraft Stehende, um die Veränderungen, vor die das Leben ihn gestellt hatte, zu akzeptieren und zu bewältigen.

Helen

Helen erholte sich nie vom Tod ihres Mannes. Er ist vor zwölf Jahren hinübergegangen, und sie hat immer noch seine Anzüge im Schrank und sein Rasierzeug im Badezimmer. Ihre Freundinnen meinen, es wäre ein bißchen gruselig, wenn sie sie besuchen. Obwohl sie ihr einsichtig zu machen suchten, daß das Leben weitergeht, hält Helen an der Vergangenheit fest.
Exzessive Trauer über lange Zeit kann zu seelischen Störungen führen. Helen, die nur an ihren toten Mann

denkt, lebt eine geisterhafte Existenz. Aber nicht Gespenster, sondern die Erinnerungen an die Vergangenheit verfolgen sie. Sie hat sich isoliert und ist praktisch ans Haus gebunden. Dies ist besonders traurig, weil sie immer ein sehr vitaler Mensch war. Ihre Unfähigkeit, mit der Veränderung fertig zu werden, hat sie unglücklich gemacht. Es ist schön, wenn man Dinge behält, die lieben Verstorbenen gehörten. Fotos von ihnen und andere Andenken können uns trösten. Helen jedoch ist nie klargeworden, daß die größte Ehre, die sie dem Verstorbenen erweisen kann, darin besteht, mit der Veränderung weiterzuleben.

Paul hat die Veränderungen akzeptiert, vor die der Übergang seiner Frau ihn stellte. Helen hat sich mit ihrem Mann begraben. Ihr Leben zeigt, wie unglücklich wir uns machen können, wenn wir in der Vergangenheit leben. Eine Veränderung ist nicht immer einfach, aber vielleicht öffnet das Leben uns durch sie neue Türen.

Ein großer Lehrer geht hinüber

Eines Morgens klingelte um sechs Uhr bei mir das Telefon. Lawrence' Stimme schreckte mich auf. Er teilte mir mit, daß der Fahrer mich in einer Stunde abholen würde. Seine Stimme klang so ernst, wie ich es vorher nie bei ihm erlebt hatte. Dann sagte er mir, Sir William läge im Sterben und hätte darum gebeten, mich zu sehen.

»Lawrence, es tut mir so leid. Ich bin in einer Stunde fertig.«

Sir Williams Gesicht tauchte blitzartig vor mir auf,

während ich mich anzog. Ich erinnerte mich an den Zeitpunkt vor fünf Jahren, als ich mit ihm in der Stadt gewesen war und einige seiner Kompositionen gehört hatte. Es war etwas Heiliges um diesen großen Mann, und ich war in seiner Gegenwart immer sehr glücklich. Was er lehrte, war sehr einfach.
»Die Menschen leiden, weil sie nicht gelernt haben, richtig zu denken. Die Gedanken eines Menschen sollten sich um Mitleid und Verständnis drehen. Das Höhere Selbst in jedem von uns wird nicht von persönlichen Wünschen gesteuert. Es liegt Größe darin, wenn wir lernen, uns selbst zu vergessen. Dem erhabensten Leben, das ein Mensch leben kann, liegt der Wunsch zugrunde, der Menschheit zu dienen.«
Ich sah auf die Uhr; eine Stunde war vergangen. Ich beeilte mich, zur Vorderseite meiner Wohnanlage zu kommen, wo das Auto bereits wartete. Wir kamen schnell in dem Haus an.
Lawrence begrüßte mich an der Tür. Es war das erste Mal, daß ich ihn müde sah. Er strahlte eine unirdische Ruhe aus und schien in einem halbmeditativen Zustand zu sein.
Er erklärte mir, daß Sir William aufgrund seines Karmas aus einem früheren Leben Probleme mit seinem Blut hatte. Obwohl dies die letzte Inkarnation sein würde, in der er körperliche Probleme hatte, war die gegenwärtige Situation nicht zu vermeiden. Lawrence sagte mir dann, er sei in den letzten sieben Tagen mit seinem Lehrer zusammengewesen und wisse, daß das Ende sehr bald kommen würde.
»Es ist nicht mehr notwendig, daß er seinen physischen Körper bewohnt. Er kann ihn ablegen. Ich werde es vermissen, daß er im physischen Bereich nicht

mehr mit mir zusammen ist, aber nach einer Ruhepause wird ein Kontakt zu seiner Seele dasein. Ich bin sehr glücklich, daß seine Zeit, zu seiner wahren Heimat zu gehen, so nah ist. Ich wünsche ihm nur, daß er so angenehm wie möglich hinübergeht.«
Ich erinnerte mich daran, daß Lawrence Arzt war. Er war so erschöpft, weil er Sir William gepflegt hatte. Er liebte seinen Lehrer und wollte ihm bis zum letzten Augenblick auf Erden dienen. Die beiden hatten zusammen meditiert, und deshalb erschien Lawrence ein bißchen unirdisch. Er sagte mir, ich solle ein paar Minuten in der Bibliothek warten, und ging dann zu seinem Lehrer.
Ich stand am Fenster in der Bibliothek und sah zu den majestätischen Bergen hinüber, die den wundervollen Besitz von Sir William umgeben. Als ich zum erstenmal hiergewesen war, hatten Lawrence und ich bei einem Ausflug in die Berge den herrlichen Berg-Deva wahrgenommen. Diese engelhafte Präsenz lebt auf dem Gipfel der Berge und ist eine Kraft und ein Gefühl der Schönheit, die unbeschreiblich sind. Lawrence hatte mir geraten, den herrlichen Deva wahrzunehmen, indem ich in die Stille ging. »Wenn du genau hinschaust, kannst du seine Kraft sehen. Sicher kannst du sie spüren, wenn du einen Augenblick still wirst.«
Ich ging vom Fenster weg, schloß die Augen und wurde eins mit der Stille. Ich hatte das Gefühl, noch einmal von der friedlichen Kraft des Deva umhüllt zu sein. Ich fühlte mich glücklich und frei. Ich öffnete die Augen, und ein goldenes Licht erfüllte die Bibliothek.
Lawrence kam herein und blieb einen Augenblick neben mir stehen. Ich atmete tief ein und sah ihm in die Augen. Er schien gelassen und glücklich. »Es ist

Zeit, auf Wiedersehen zu sagen.« Er führte mich zu seinem Lehrer.
Ich betrat den Raum, in dem Sir William ruhte. Er atmete schwer, aber dies hatte keinen Einfluß auf seinen Verstand.
»Ich habe auf dich gewartet, mein Kind, um auf Wiedersehen zu sagen. Obwohl wir uns in diesem Leben nicht oft begegnet sind, habe ich dich in vielen früheren Leben gekannt.«
Dann sagte er mir ein paar persönliche Dinge, die ich seines Erachtens wissen sollte. Er betonte, daß Lawrence dasein würde, wenn ich ihn brauchte. Ich sollte mir keine Sorgen um Dinge machen, die nicht wichtig waren. Ich brauchte nur bei allem, was das Leben mir präsentierte, mein Bestes zu geben.
Er sagte mir dann, ich solle mich eine Weile neben ihn setzen. Er war zu erschöpft, um weiterzusprechen. Lawrence kam herein, und wir saßen schweigend zusammen. Die Schwingung im Raum war ruhig und wunderschön. In dem Augenblick hatte ich nicht das Bedürfnis zu weinen. Sir William sah glücklich aus – als wäre er bereit, auf eine wunderschöne Reise zu gehen. Lawrence schaute ehrerbietig und heiter zu seinem geliebten Lehrer hinüber.
Dann hörte ich im Hintergrund schwache Orgelmusik. Ich wußte, daß sie von der anderen Seite kam. Lawrence sah mich an und nickte. Sir William schien zu schlafen.
Die Worte des Meisters Jesus – »Wo zwei oder drei von euch in meinem Namen versammelt sind, da bin ich mitten unter euch« – gingen mir durch den Kopf.
Dies war ein überaus heiliges Ereignis, und ich sah und spürte Besucher aus dem Jenseits. Ein paar

Augenblicke vergingen, und dann atmete Sir William mit einem tiefen Seufzer aus. Er ließ los und ging heim.
Der Tod ist die Wiedergeburt in das Leben des Geistes. Sir William würde sich ausruhen und uns dann von seiner Seite des Lebens aus helfen.
Als ich Lawrence ansah, begann ich zu weinen. Ich weinte nicht aus Trauer. Ich weinte aus Dankbarkeit – darüber, daß ich das Privileg gehabt hatte, diesen großen Mann, Sir William, lebend und sterbend zu kennen.